情商高
Emotional Quotient

就是说话让人舒服3

如何说孩子才会听，如何听孩子才肯说 ［亲子篇］

北方文艺出版社

图书在版编目（CIP）数据

情商高，就是说话让人舒服.3/朱凌，常清著.--
哈尔滨：北方文艺出版社，2018.3
ISBN 978-7-5317-4056-8
Ⅰ.①情… Ⅱ.①朱… ②常… Ⅲ.①口才学－通俗
读物 Ⅳ.①H019-49
中国版本图书馆 CIP 数据核字（2018）第 023428 号

情商高，就是说话让人舒服3
QINGSHANGGAO JIUSHI SHUOHUA RANGREN SHUFU 3

作者/朱 凌 常 清

责任编辑/王金秋 赵 芳

出版发行/北方文艺出版社　　　　　　网 址/www.bfwy.com
邮 编/150080　　　　　　　　　　　经 销/新华书店
地 址/黑龙江现代文化艺术产业园 D 栋 526 室

印 刷/北京嘉业印刷厂　　　　　　　开 本/710×1000　1/16
字 数/240 千　　　　　　　　　　　印 张/14
版 次/2018 年 3 月第 1 版　　　　　　印 次/2018 年 3 月第 1 次印刷

书 号/ISBN 978-7-5317-4056-8　　　定 价/39.80 元

目录 CONTENTS

Part 1

请“蹲下来”跟孩子说话

——高情商沟通术就是先处理情绪，再处理事情

1—18岁孩子的成长密码：爱Ta，就要懂Ta

著名教育专家魏书生说过："走入孩子的心灵世界中去，你会发现那是一个广阔而又迷人的新天地，许多百思不得其解的教育难题都会在那里找到答案。"但现实生活中，别说是走进孩子的内心，了解孩子的想法，就是走近孩子的身边，孩子都会表现出十分不耐烦。无数家长为此忧心忡忡，家里不时充满吵嚷和斥责声，"火药味"愈发浓烈……

静下心来，很多家长都会发现自己有这样的疑惑：孩子和同学、朋友甚至网友都能侃侃而谈，唯独对父母惜字如金。一旦问得稍微多一些，孩子极有可能会冒出一句话把你噎得哑口无言。很多家长都有这样的感慨：不知道孩子在想什么，明明孩子近在眼前，却仿佛远在天边。这些家长急于想知道孩子的所思所想，但无奈孩子压根就不开口。

那么，现在的孩子心里究竟在想些什么呢？他们一些行为的动机和根源到底是什么？我们要如何面对这些孩子的行为？如何才能打开那道与孩子之间的封闭的大门？耶鲁大学格赛尔儿童发展研究所跟踪研究上千名孩子四十多年，绘制出1—18岁儿童行为变化与发展地图，他们的研究成果也许能告诉你答案。

1—2岁的孩子："不"字打头，任性固执，占有欲强

这个时期的孩子好奇心非常强，凡事都想去试一试，常常"不"字当头、乱发脾气、一意孤行。同时由于年龄还小，不懂得表达，因此出现这些"逆反"行为也就不足为奇了。这个时候，陪伴是最重要的，要接纳孩子，把孩子的很多"坏行为"理解成孩子探索、学习的求知行为。

比如，你教孩子搭积木，他完全不理你，不听也不看，自己闷头一遍遍地把积木垒高，推倒，再重垒，再推倒。这时，你应该把他的行为理解为，他现在对"造汽车""建房子"等积木的常规玩法不感兴趣，而对积木倒塌时的现象充满了好奇，他在琢磨推与倒之间的关系。

对待这么小的孩子，管教技巧主要是以绕道和引导为主，设法满足他们的心理需求。安全第一，但是不要告诉孩子"这不许玩""那不许碰"……应该把该锁的东西锁好，该收的东西收起来，给孩子创造一个安全、舒适的家庭环境，让孩子的自由天性得到充分的发挥。

很多家长都有这样的体验：对于一些孩子很喜欢的东西，即便是他们不经常玩或者平时压根不会看一眼，如果有其他小朋友来到家里想取来玩耍，孩子也会表现出拒绝，很生气地说："这是我的！这是我的！"

另外，随着国家二胎政策的开放，父母正在考虑要一个小弟弟或小妹妹，孩子马上就会表现出不同意的意思——"我不要弟弟妹妹，他们会抢走我的爸爸、妈妈"。孩子吃饭时把最喜欢的食物往自己碗里夹，孩子把最喜欢吃的糖果很小心地藏起来，这些都是占有欲的表现。

孩子的占有欲与生俱来，是一种正常心理，父母不必过于着急，也不必强制孩子必须与他人分享，而是应该更多地与孩子沟通，找一些合适的机会引导孩子，让他懂得分享的快乐。

比如，当小朋友把玩具给他玩了，你就问他："你拿到玩具开心吗？"当孩子回答说开心，你就可以对他进一步地引导："当你把玩具或食物分享给别人，他们也会很开心的。"这样不厌其烦地讲给孩子听，孩子在做了一次之后，慢慢就会体会到分享的快乐，懂得分享。

另外，父母在和孩子进行沟通时，还应采取接纳孩子情绪的方式。比如，对于不喜欢小弟弟、小妹妹的孩子来说，可以这样跟他交流："在我看来，你对弟弟妹妹有两种感受。有的时候，你喜欢自己的弟弟妹妹，因为Ta的确挺可爱的；有的时候，你不喜欢Ta，你希望Ta走开。"如此一来，孩子就会逐渐地喜欢上自己的弟弟或妹妹。

3—5岁的孩子：友善平静，易于接受也乐于分享

孩子从3岁开始，强硬态度逐渐减少，懂得分享，依赖感增强。他开始感受到自己的成长以及能力的提升，情绪快乐而稳定。许多孩子在这个年龄段都有他想象中的朋友，这些朋友有的是人，有的是动物。

4岁是孩子的语言表达能力飞速提高的一年，经常开口闭口都是"屎尿屁"之类的话。喜新厌旧，充满了变幻莫测的想象力，开始学会了讨价还价。对这个时期的孩子而言，一天中最高兴的事情就是在睡前能听父母讲一些小故事。

5岁孩子开朗而愉悦，懂事了、讲理了，这是亲子关系最亲昵融洽的一年！孩子的意志力逐渐增强，开始体验自己与别人的关系。与此同时，5岁的孩子自然而然变得懂规矩、有节制了，他喜欢遵守既定的规则、限制，让每一位当妈妈的都感到格外贴心。更有趣的是，恋母情结也会在这个时候出现。

6—9岁的孩子：沉静而敏感，情绪不稳定，独立且执着

6岁的孩子，是一个小小的矛盾体，能同时在"很乖"和"很叛逆"两个极端游走。处于很容易受到伤害的敏感期，自尊心强，争强好胜，无

法面对失败。"别人的东西不可以拿"的观念还没有形成，因此顺手拿走自己喜欢的东西是惯常现象。

7岁是孩子形成自信心的关键期，他非常敏感，开始在意别人的评价，以及自己在家庭中的地位和价值。情绪不稳定，容易冲动，自控力不强。父母要随时关注孩子心态的变化，多鼓励肯定孩子。

8岁的孩子外向而活跃，渴望别人的认可和夸奖，对别人的批评非常敏感，很容易受伤。从情感上来说，是最需要妈妈的阶段，他非常需要妈妈分享他的思考、幻想、对话和游戏。所以，建议妈妈尽量多抽出点时间来陪伴孩子。

9岁的孩子开始慢慢摆脱对妈妈的依恋，更加独立，做事也更认真、更有规划。这个年龄段的孩子开始排斥异性，因为身体开始出现一些青春期早期的生理变化，比如女孩乳房开始发育，男孩开始长出阴毛，孩子在潜意识里不愿意让他人发现自己身体的变化，所以，更重视哥们儿情谊或者闺蜜之情，而对于异性小朋友表现出强烈的鄙夷。

10—12岁的孩子：懂事了，可以自得其乐

10岁的孩子善良、平和，爱父母、爱长辈，但是依然排斥异性。他们开始有自己的小小生活圈，有自己的朋友，不再像小时候一样黏着家长。

11岁的孩子逐渐摆脱儿童的影子，进入成人的世界。独立意识增强，出现叛逆的苗头，喜欢和父母对着干。但是在外面，他们是一个彬彬有礼、开朗乐观的孩子。

12岁的孩子自信独立、阳光沉稳、善解人意，这是一个让人省心的年龄。异性之间不再互相排斥，同时兴趣广泛，偏爱集体活动。

13—15岁的孩子：情窦初开，有了自己的秘密，喜欢玩游戏

这个年龄段的孩子正处于第二性征发育的阶段，不管是男生还是女生，身体都发生了许多引人注目的变化。他们对自己有了一个更清楚的认识，喜欢独处，也喜欢交朋友，愿意让自己的生活变得充实。他们不会什么事情都跟父母说，开始有自己的小秘密，也有了自己喜欢的异性。再加上学业的压力，很多孩子容易产生叛逆心理，顶撞父母和老师。

这时候，家长首先要做到帮助孩子正视身体的发育，接受身体出现的新变化。其次，家长要跟老师多交流。这个阶段的孩子性格正在逐渐成形，有自己独有的秘密，要想做到不让孩子烦还能了解孩子的学习情况，最好的方法就是跟老师多沟通，通过这个途径也可以多方面地关注孩子的成长。再次，孩子喜欢玩游戏，家长不应该全部禁止，而是要给孩子机会，让他学会自己控制玩游戏的时间。如果孩子的自我约束能力不是太强，则应该帮助孩子设置游戏的时间。最后，家长不要给孩子施加过重的学习压力，教孩子认真对待每一次成绩的升降，一起总结成功的经验与失败的教训。多和孩子交流，这样才能更好地帮助孩子成长。

16—18岁的孩子：考试焦虑症很常见，容易患得患失

这个阶段的孩子性格基本成型，有了自己对这个世界的看法，知道自己的目标，并且懂得为了目标而奋斗。此时孩子的生活主要是以学习为主，因此日常生活中遇到的问题也多是跟学习相关。

由于学业压力过大，很多孩子容易产生考试焦虑症，对成绩排名过度关注，在生活中也患得患失。因此，家长应该帮助孩子形成正确的考试心态，确立合适的目标院校，尊重他的选择，不给孩子施加过大的压力。只有这样，孩子才能更好地面对学习与生活。

爱孩子，就先去了解孩子。家长和孩子完全是不同的个体，不能用我们的感受代替孩子的感受。不同年龄阶段的孩子都有不同的想法，家长不能想当然地去应对。了解孩子的成长历程、发展规律，身为父母才会不仅心安，而且得法。

要想让孩子告诉你他的心中所想，必须让孩子信任你。跟孩子相处时，应该主动营造一种轻松愉快的气氛。交流时一定要用信任、亲切的眼光注视着他，让孩子知道你在认真地跟他沟通。孩子觉得家长很重视他，就会变得主动起来，愿意和家长谈论自己的事情。千万不要表现出漫不经心的样子，那样的话，孩子的内心会很沮丧，也就不愿意再和父母敞开心扉了。

当孩子哭了，你的第一句话决定孩子性格

一个深冬的早晨，在一个犹太社区中心健身房的走廊里，有个2岁左右的小男孩突然大发脾气。他先是一下子趴到地下，紧接着是躺在地上滚来滚去，大声地哭起来。周围人来人往，而这个小男孩依旧任性地躺在地上不起来，哭叫声越来越大。

小男孩的母亲就在他身旁，一句话也不说。她先是放下手里的包裹，蹲下来，接着又坐下来，后来索性全身趴在地上，使她的头和儿子的头成了一个水平线，两个人的鼻子也碰在了一起。走廊里的人越来越多，母子二人旁若无人地趴在那里好久。

最后，小男孩脸上的愤怒表情慢慢消失了，显露出平静，哭叫声变成了耳语。小男孩把哭红的小脸贴在地板上，母亲也同样把脸靠在地板上。他们就这样待了两三分钟：孩子看着周围的腿、脚、陌生人看他的目光，母亲也跟着一起看。孩子看母亲，母亲就看孩子。最后，孩子站起来，母亲也站起来。母亲拿起丢下的包裹，向孩子伸出手，孩子抓住母亲的手，两个人一起走过长长的走廊。

到了停车场，母亲打开车门，把孩子放在儿童安全座椅上扣好卡扣，亲了一下他的额头。这个时候孩子的情绪已经变得非常平静。

在整个过程中，母亲一句哄、一句训也不用，却将孩子的情绪安抚好了，我们简直要情不自禁地为这位母亲鼓掌。那么，究竟是什么力量使母亲安抚了这个原本情绪不稳定的孩子呢？是爱和理解的力量！正如一位教育专家所说："孩子由于发脾气或发怒而挣扎时，我必须成为他的容器——一个可以容纳他的精力和意图的、由纯洁的爱构建成的容器。"

所以，面对孩子的负面情绪——突然爆发的大哭、吵闹、恐惧、坐立不安等，父母首先要做的就是蹲下来，淡定地、充满关爱地接纳他的感受与情绪，允许情绪的释放，而不是通过"吼一顿、吓两句"或者讲大道理安抚来止哭止闹。

几个小朋友在公园里追赶着玩泡泡水，妈妈们在旁边闲聊。突然，两个孩子被绊了一跤，同时摔在了地上，泡泡水洒了，孩子不约而同地大哭了起来。

两位妈妈连忙跑过来。

亮亮妈妈提着亮亮的胳膊把他拽起来，训斥道："叫你慢点跑、慢点跑，就不听！没事，就轻轻摔了一下，没有出血，有什么可哭的！那么多阿姨和小朋友看着呢，羞不羞啊你。"亮亮继续哭，不理睬妈妈。

亮亮妈妈又说："再哭，妈妈就不喜欢你了。"妈妈露出了严厉的表情，亮亮不敢哭了。

另一位妈妈呢？

萌萌妈妈抱住萌萌，说："这真的是太难过了，泡泡水竟然洒掉了，你一定很伤心，妈妈抱抱！"萌萌委屈地抱着妈妈大哭，妈妈没再说话，只是轻拍孩子的肩膀表示安慰。萌萌的哭声越来越小了。

"萌萌快看，那边的小野花好漂亮呀，采一朵戴妈妈头上好不好？"萌萌立刻停止了哭泣，拉着亮亮一起去采花。

结果会有什么样的不同呢？

萌萌采了一朵漂亮的小花送给妈妈，而亮亮的情绪一直不高，捏着小花不说话，萌萌妈妈问："亮亮怎么不去给妈妈戴花呢？"亮亮低着头不说话，好久才说："我怕妈妈不喜欢。"

相信大家已经看出来了：情绪经常被接纳的孩子，通常性格也会更加平和、开朗、不轻易发怒，与父母的关系也比较亲近；而经常被阻止宣泄情绪或者被否定情绪的孩子，通常很难建立真正的自信，他们的内心是压抑的，有什么话也不会轻易地对父母开口，亲子关系也往往不是那么亲密。

我曾经在一个深受家长欢迎的幼儿园的走廊上看到过这么一张小贴士，上面写着：

孩子情绪不好时家长需要做的四步骤：

一、家长要保持合理的情绪控制；

二、接纳孩子的情绪；

三、搞清楚孩子为什么这样；

四、帮助孩子心情好起来。

面对哭泣的萌萌，萌萌妈妈并没有给予强硬的制止，而是认真履行了这几条原则：首先处理好自己的情绪，没有表现出烦躁和排斥；其次接纳孩子难过的情绪，把"哭"的权利还给萌萌，等萌萌把不好的情绪通过泪水安全地释放出去了，再处理问题；最后，帮孩子想个办法疏导和表达自己的情绪。

其实，当我们能够站在孩子的角度，去体会他的情绪，并引导他学会管理自己的情绪，孩子的情绪表达就会向良性发展——不会因为无助和受到挫折就大哭大闹不止，而逐渐会做到遇到问题不惊慌失措，不发脾气，会尝试讲道理并寻求帮助。只有这样，孩子才会拥有强大的内在，变得通情达理，从容不迫。

反观亮亮妈妈，不给孩子表达情绪的机会，先讥讽后恐吓，这些话给孩子的暗示是：妈妈不喜欢我哭，哭是不好的行为；我不能哭，否则妈妈就不喜欢我了。为了取悦父母，孩子在想哭泣时就会压抑自己。表面上孩子确实不哭了，但情绪背后真正的根源并没有得到解决，孩子的内心掩藏了更多的恐惧。

所以，小小的孩子学会了察言观色、谨小慎微、畏首畏尾，不懂得表达自己的真实情绪。也许他会成为一个听话的"乖"孩子，但是很遗憾，他也可能是一个缺乏自信、心理压抑、无法体谅别人情绪的"问题"孩子。

诚然，做父母的都希望孩子永远幸福快乐，生活中永远充满欢声笑语。但是，哭和笑，都是一个人真实的情感流露。情绪本身没有好坏，是生理和心理的正常反应。所以，当孩子哭时，我们不要慌无须怕，正确引导就好。但是一定要避免一些错误的方式，比如亮亮妈妈的呵斥，再比如下面这个小男孩妈妈的抱怨。

有一次在社区医院，一个小男孩因为发高烧，要采血样检查。但孩子一看到护士阿姨拿着针头过来，就开始嗷嗷大哭。

孩子的妈妈感到很难过，因为她也很怕扎针，觉得抽血对孩子来说太残忍了。她一边皱着眉头一边掉着眼泪说："唉！我可怜的宝宝，真的不公平啊，为什么你们班偏偏就你生病发高烧呢。如果妈妈能代替你生病就好了。"

孩子一听，哭得更厉害了，牢牢地抓住妈妈的衣服不放手。看到孩子和妈妈一起哭成泪人，护士和医生也是无可奈何。

其实，看着护士手里寒光闪闪的针头，别说孩子害怕了，连有些大人看了可能都会直打哆嗦。这个时候，妈妈的态度和话语对于孩子能否从容地面对针头来说至关重要。加拿大约克大学的一项心理学研究表明，小孩看见针头就哭不单是怕疼，也因为多数家长对扎针表现出的"不淡定"，感染和影响到了孩子。

看到孩子的痛苦和恐惧，如果妈妈能蹲下来，视线和孩子处在一个水平面上，明确告诉他，为何要打针，会产生怎样的疼痛，相信孩子的恐惧感就会减少一些。比如，妈妈可以平静地跟孩子说："宝宝生病了，打了针就会好，就疼一小会儿，然后就没事了。相信宝宝可以的！"

当然，孩子可能还是会有点不情愿，但他看到妈妈的平静和理解，就会从中获得勇气，从而伸出自己的小胳膊。有了这样的经验，他会一次比一次勇敢。长此以往，就能培养出孩子积极向上的情感能力。用比较时髦的语言来说，就是能把孩子培养成一个情商很高的人。

否认感受：有一种冷叫妈妈觉得你冷

妈妈：宝宝，冷吗？

孩子：妈妈，我不冷。

妈妈：手都是凉的，怎么会不冷？穿上毛衣！

孩子：不，我热。

妈妈：我说过了"穿上毛衣！"

孩子：不，我热。

这就是网络上曾经流行的一个段子"有一种冷叫妈妈觉得你冷"的真实写照。父母用自己的感觉代替孩子的感觉，用自己的想法压制孩子的想法。对于孩子来说，他们只感觉到了控制，而不是爱。

这让我想起了美国著名作家帕萃斯·埃文斯在《不要用爱控制我》一书中提到的一个类似的例子：

有一天，我和朋友正在一家咖啡馆喝咖啡。一位女士贝蒂和她的女儿苏茜，一起走了进来。女儿7岁左右。

她们看着玻璃柜台下的各种冰淇淋。

"你要哪种冰淇淋？"贝蒂问女儿。

"我想要香草的。"苏茜说。

"有巧克力的。"妈妈说。

"不,我要香草的。"

"我觉得巧克力的更好一点。"

"不,我就要香草的。"

"你不应该要香草的。我知道你喜欢巧克力的东西。"

"我现在就想吃香草的。"

"你怎么这么倔,真够怪的。"

在这段对话中,妈妈一直试图否认女儿的感受、女儿的判断,而试图将她自己的判断强加在女儿头上。她这样做,无疑是在告诉女儿,你内心的想法、你自己的选择、你自己的判断,全部是错的。她所谓"倔"的意思是:你不知道你的感受,我才知道,但你居然不承认。

当孩子的情绪和感受被不断地否定和忽略后,他们就会感到困惑和愤怒,心里会认为:父母不能理解我,对我的感受不重视。慢慢地,孩子就学会了隐藏自己真实的情绪和感受,跟父母的交流越来越少。结果就是,父母与孩子之间的距离越来越远,亲子关系质量逐渐下降。

其实,孩子的心声很简单,当他们跟父母说"压力大、难受、痛苦、累"等感受的时候,最不想听到的就是否定、大道理、说教,那样只能让他们感觉更差。如果有人能真正愿意倾听,带着爱和理解认同他们内心的伤痛或烦恼,他们就会感觉没那么郁闷和困惑,也更能处理好自己的情绪和面临的问题。

让孩子知道父母理解他、认同他的感受很重要,但如果只是简单地说一句"我了解你的感受"，并不会真正得到孩子的认同。他们会说："不，其实你根本就不了解。"如果家长可以试着把孩子的感受表达得更加细化一些，效果就不一样了。

比如，孩子要上小学了，有些不乐意，家长说"我知道你不愿意去上学"，这样的说法通常并不会得到孩子的认同。如果把问题细化："刚入学的这段时间，肯定是有些紧张的，有很多新东西需要去学习、去适应。"孩子就会觉得家长是真正理解他的。

对此，亲子沟通专家伊莱恩·玛兹丽施结合大量真实案例，为我们总结出四个非常实用的帮助家长面对孩子感受的技巧：

一、全神贯注地倾听；

二、用"哦""嗯""这样啊"来回应他们的感受；

三、说出他们的感受；

四、用幻想的方式实现他们的感受。

我们在倾听孩子说话、了解孩子的感受时，不要嘴上说在听，眼睛却盯着别处，手里也在忙着其他事，而是要全神贯注，以关心的态度，认真倾听孩子情绪的宣泄，用简单的话语或"嗯、哦、啊"这样的词来回应，认真体会并说出他们的感受，让孩子真正地感觉到有人能理解他们。

特别是当孩子想要一样我们没有的东西时，比如孩子说"我好想吃冰激凌，现在就想吃"，通常父母基于逻辑的解释"家里没有了，宝贝，喝点酸奶吧"并不管用。这个时候，第四个技巧就具备了相当显著的安抚作用，"真希望妈妈能用魔法把酸奶给你变成冰激凌"，你会发现，孩子对某种东西的渴望心情一旦得到理解，他们就能比较容易接受现实，"那我就喝点酸奶吧"。

理解和接纳孩子的感受，是有效亲子沟通的前提。家长们要做的就是，感受孩子的感受，理解孩子的感受，接纳孩子的感受。只要我们真正与孩子有共情，就会打动他们的内心。

能陪着孩子"难过"的父母，是最好的父母

"所谓接纳孩子，就是让孩子感受到你的爱是完整的，而不是你只喜欢他的某些方面。你愿意倾听他的内心，理解他的情绪和感受，他不会担心被你拒绝和否定。"儿童心理专家侯瑞鹤博士告诉我们，"接纳是建立亲子关系的第一步，然后才有真正的教养。"

对于孩子来说，带着"爱"和"理解"，接纳孩子的情绪，认同孩子的感受，就是最有效的管教。如果家长不去理解孩子的行为，否定孩子的感受，只会胡乱地哄哄或者训话，那么不管我们的态度有多好，也解不开孩子的心结，甚至还会使孩子沉浸其中，更加难过。

女儿："我的小海龟今天早上死了。"

妈妈："别难过，宝贝。"

女儿开始哭泣。

妈妈："别哭了，不就是只小海龟吗？"

女儿哇的一声大哭起来。

妈妈："别哭了，我再给你买一只。"

女儿（趴在地上号啕大哭）："我就要这只小海龟。"

妈妈（生气地）："你真是无理取闹！"

"为什么孩子会因为一点点小事情就哭个不停？完全不可理喻。"相信很多家长都被这个问题困扰过，但却从不去反思是不是自己的沟通方式有问题。

真的再买一只就好了吗？孩子心爱的小海龟死掉了，她的心情你真的理解吗？在教育界有一句特别著名的话："只有我们自己才最了解我们的情绪，孩子也不例外。"很多父母只看到东西失去了，买新的就好。可是孩子内心跟这个物品早就建立了联结，父母这样做，只会让孩子伤心。

通常，当孩子因为某种原因感到伤心难过的时候，家长总是会高估自己的"聪明"，会第一时间用成人的智慧去劝慰孩子摆脱难受的心情：

玩具丢了——"这没什么大不了的，妈妈再给你买一个"；

积木倒了——"别哭，爸爸帮你一起搭一个"；

好朋友搬家了——"没事的，你还会交到新朋友的"；

…………

孩子常常会因为父母不能体会自己的痛苦、不能理解自己，而只能用愤怒或者大哭来发泄自己的难受情绪。

国际著名亲子沟通专家阿黛尔·法伯明确指出，你越能坦然地接受孩子不愉快的感受，孩子越容易摆脱烦恼。这个时候，以"说出孩子的感受代替否定孩子的感受"的方式回应孩子，效果会更好。因为当孩子的情绪被看到的时候，就会像河水找到出口，慢慢平息下来。

女儿："我的小海龟今天早上死了。"

妈妈："哦，是吗？真没想到。"

女儿（难过地）："我还教它玩游戏。"

妈妈："嗯，你们在一起挺开心的。"

女儿："它是我的好朋友。"

妈妈："失去朋友是挺难过的。"

女儿："我每天都给它喂食。"

妈妈："你真是挺关心那只小海龟的。"

说完后，孩子已经没事，去玩自己的了。

"理解和接受是一种无形的力量，会将人从沮丧中挽救出来。"西方一位哲学家的话可以说是对此最好的注释。如果能够站在孩子的身边，对孩子感同身受。对孩子来说，那是多么好的事情。

当孩子与好朋友或心爱的宠物分离时，他细腻的小心灵会难过半天。如果父母只是一味地告诉他"没关系，坚强一点""这没什么好难过的"等否定他心情的话，孩子就会越发难过——为什么最爱我的爸爸妈妈，也不懂我？

如果父母试着看到孩子的情绪，表达对其情绪的理解，和孩子共情，比如反馈给他："你的小海龟死了，心里一定很难过。如果换成是妈妈，我也会觉得很伤心的。"最终效果，你也看到了，孩子已经释怀，自己去玩了。

有些父母可能会担心，说出孩子的感受会让孩子更难过。其实相反，说出孩子的感受可以让孩子感觉到情绪是自然而然发生的，心里反而会感到安慰，因为有人理解他们！得到安慰的孩子，痛苦有所缓解，也就更容易接受已然发生的不愉快的事实。

当一个孩子跟妈妈抱怨"要复习的功课好多啊，我都担心自己期末考试考不好了"时，比起妈妈温柔地回应道"考不好没有关系啊，成绩不是最重要的"来说，关切地改为"如果考不好，你一定很难过，是不是现在有点烦，要不要说说你的苦恼"，相信孩子的心情一定会好许多，也会继续把心事对妈妈说出来。

所以，在孩子生气的时候、伤心的时候、高兴的时候、受了委屈之后，适当地说出孩子的感受，就是对孩子的一种尊重和肯定。尤其是处在执拗期的孩子，切忌不能和他硬碰硬。当你真正做到了与孩子产生共情，孩子心里就会觉得父母理解自己而感到欣慰，就有力量去面对自己的问题。记住，孩子需要的不是安慰，不是道理，只是别人能理解自己的感受。

有"听话"的父母，是什么样的体验

刚上一年级的儿子小虎嘟着小嘴，一脸不高兴地回到家里。"妈妈，我的老师真坏！"

妈妈停下手里的工作，俯下身子，握着小虎的小手："哦，听起来你好像对你的老师有意见？"

"她把我的新文具盒没收了！"

"噢，老师没收了你的新文具盒。你很喜欢你的新文具盒，被没收了，一定很心疼吧？"

"当然啦！那是爸爸送给我的生日礼物，我最喜欢了。"

"是呀，换作是我，我也会心疼的！"

"不就是上课的时候多玩了一会儿吗？有什么大不了的！"他愤愤不平地说。

"你觉得上课玩玩文具盒没什么，不会对自己造成任何影响。老师这么做，你认为有点小题大做，心里很委屈？"

"也不是，"小虎有点语塞，"也会有点影响到我，今天的课就没大听明白！"他的声音有点发虚，脸开始发红。

"噢，其实多少还是会有影响的？"

"嗯。"他的头慢慢低下去。

妈妈摸摸他的头："我看到你好像有点后悔？"

"是。"

"你希望你没有在课上摆弄你的文具盒？"

他用力地点点头，眼里已闪出了泪光。

妈妈一把把他揽进怀里："你觉得老师为什么要没收你的文具盒？"

"想让我好好听课。"

"那你觉得老师还坏吗？"

"不坏，是为了我好。"

"宝贝能理解老师的苦心了。那你觉得老师在没收你的文具盒时，心里是怎么样的？"

"老师很生气。因为我做小动作，听课不专心。"

"你觉得你可以对老师做些什么呢？"

小虎低头沉默。终于，他下定了决心。

"道歉！"

"勇于承认自己的错误，是个男子汉！"妈妈拍拍他的肩。

"那么你觉得以后怎么才能避免这样的事情发生？"

"上课不做小动作，认真听讲！"他的语调也变欢快了。

"妈妈相信你能做到！"

我们惊讶地发现：小虎妈妈只是关注小虎的情绪、回应他的感受，并没有提任何问题，小虎竟然把事情的原委都告诉了她。可以说，从开始的"愤愤不平"到"后悔自责""勇于认错"，再到明确以后的行为方向，小虎身上的这一系列积极正面的转变，都是与小虎妈妈的积极倾听分不开的。

父母总是喜欢跟孩子说：你要听话啊！但是，很少会去反思，自己是不是"听话"的父母。

孩子有情绪时，需要表达发泄出来。高情商的父母都懂得，只做个不带任何评判情绪的倾听者，支持孩子说得更多就好了。比如："可以跟妈妈讲讲为什么哭吗？""可以说说发生什么事了吗？""嗯，接下来呢？"

积极倾听孩子说话的父母，传达给孩子的潜台词是："你有权利表达自己的情绪""你的观点和想法是有价值的""我对你说的很感兴趣""我不准备评价、不准备说教""我有足够的耐心听你表达自己的想法和感受。"

那么，父母如何做到积极倾听呢？

首先，"停下来"

当你在厨房忙着做饭炒菜的时候，当你在专心致志地打游戏的时候，如果孩子突然跑过来问你问题，你会不会只是漫不经心地听，然后给出一个模糊的答案；有时甚至会打断他，赶着他去帮你收拾桌子准备吃饭，或者去打开电视看会儿动画片。

你从未想过要停下来，专心听他说，或许你打算饭后或者游戏结束后好好听孩子说，可是饭后或者游戏结束后的你说不定又会忙着洗碗、看电视，一样不能专心听他说。时间长了，次数多了，估计孩子就再也不找你说了。

所以，当孩子兴致勃勃地向你奔来，迫不及待地想跟你交流时，请暂时停止手上的事情，认真看着孩子的眼睛，耐心倾听，好好享受亲子沟通的美好时光，这才是跟孩子的正确相处之道。

其次，"用心听"

当孩子与父母分享情绪感受时，如果父母嘴上说在听，其实心不在焉，会让孩子感到很气馁，认为自己既不可爱，也没人爱。

与孩子交流时，父母的肢体语言很重要。适当的肢体语言，会让孩子觉得你重视他、认真想要和他聊天。所以，如果孩子还小，那就蹲下来；如果是个大孩子，那就拉着他的手坐下来。总之，尽量以平行的目光注视着孩子，保持朋友般的倾听。

此外，大部分的孩子都喜欢亲密的接触：偶尔握握他的手、摸摸他的头、搂搂他的肩等来表示对他说话内容的关注与理解，间以适当的提问："然后呢""怎么回事"，鼓励孩子继续说下去，都会在沟通时产生非常正面的效果。

孩子对于肢体语言很敏感，父母一边盯着手机一边敷衍地说着"嗯""哦""喔"或者背对着他说话，都不是鼓励他好好和你说话的方式。因为这些行为可能令孩子认为你不关心他，对他所说的一切没有兴趣，从而影响沟通的效率。

积极倾听能疏导孩子的情绪，培养孩子独立解决问题的能力和责任感，同时也有利于父母了解孩子的内心，体会孩子的情感，与孩子成功互动。各位家长不妨试上一试，看看所谓的"利器"如何。

别让"关心"用错了地方

孩子从出生到长大，爸爸妈妈对他从不缺少爱。我们当然知道所有的母爱都是浓烈的、真挚的，但你是否想过，如果你"爱错"了或"爱过"了，孩子会怎样?

有一位妈妈，出于担心和爱护，常常在15岁的女儿面前唠叨：要好好学习，少与男生来往。有一次，有几个同学来约女儿一起去给一个男同学过生日，竟然遭到了妈妈的一顿数落，这使女儿受到了极大的伤害：她觉得在同学面前很没面子，同学们也不愿再跟她来往。她因此怨恨母亲："你们不让我好过，我也让你们难受。"她向父母喊叫："我就是要气你们！就是不好好读书！就是要把你们的钱拿去花光！"

当然，父母的焦虑和担心是可以理解的，但只要和孩子好好沟通，孩子肯定是可以理解家长的。可是，例子中的妈妈为自己的孩子操碎了心，却不顾孩子的感受，粗暴地制止了孩子的行动，这让孩子内心产生了深深的无助与痛苦，也对妈妈产生了怨恨情绪。父母这种方式的关心，是典型地把力气使错了地方，极有可能会妨碍孩子成为自己。

试想一下，如果上文中的妈妈换一种做法，告诉孩子："我知道你想和同学出去玩，也能体会到你的感受，可是，你要记住你目前的主要任务是学习，请你在玩的同时不要忘了学习，可以吗？"这时候女儿一定能理解妈妈的，按时回家，好好学习的。

其实，只要站在孩子的立场上考虑孩子的感受，与孩子的感受产生共鸣，对于孩子自己解决问题是有着莫大的裨益的。

陈宇飞是一名七年级的学生，门门功课都很优秀，除了体育课。原来身体瘦弱的他特别害怕上体育课，有时候甚至装病来逃课。陈宇飞的老师把这个情况告诉了他的爸爸，爸爸决定跟儿子好好谈谈。

晚上下班以后，爸爸走到了宇飞的房间。

"儿子，今天你们老师告诉我，你没有去上体育课。"

"爸爸，我不喜欢体育课。"

"我知道。"

"你知道？"

"对，因为爸爸小时候也很讨厌上体育课。那时候的我个子比较矮，也比较瘦，体育课上老是被同学们嘲笑。"

"那后来呢？爸爸也没有去上体育课吗？"

"不是，后来的我每次都去。"

"为什么呀？"

"因为要勇敢地去面对才是男子汉啊。不能因为害怕就逃避，相反要去克服。你说呢，小男子汉？"

"好的，爸爸，我会试着去克服我的害怕，去上体育课的。"

"对嘛，这才是男子汉，不要害怕，只要勇敢迈出第一步，就会不一样的。你看爸爸现在不是很壮嘛。"

一颗种子成长为一棵大树，是一个复杂而微妙的过程。孩子的成长亦然。十五六岁正是这个复杂而微妙的过程中的一个尤其微妙的人生阶段。在这个阶段，孩子从身高上超过父母，从心理上超越父母，他们会慢慢地试着自己去解决一些生活或者学习中出现的小问题。如果这种权利被剥夺，得不到尊重，孩子就会以各种各样的行为问题来表达，比如顶撞父母、厌学等。

罗杰斯说："生命的过程就是做自己、成为自己的过程。"高情商父母绝不会冷酷无情地下命令，让孩子毫无变通的余地，他们都懂得满足孩子的情感需求，慢慢地引导孩子成长为勇敢独立的人。正如一位教育专家所说，要"用心用情不用力"，要看见孩子、心疼孩子。

孩子爱抱怨？先处理情绪，再处理事情

抱怨无处不在，不仅是大人，小孩子也会抱怨。常常，我们会听到孩子说：

"为什么姐姐买手链，我就没有，这不公平！"

"公园真没意思，早知道去动物园就好了。"

"叔叔送我的那辆小汽车一点也不好玩。"

"老师真偏心眼，总给珞珞梳好看的小辫子。"

"真是烦死了，琪琪妈妈又不让琪琪来咱们家玩。"

…………

与人沟通的方式最终会决定我们的人际关系的好坏，而"抱怨"是一种令人厌烦的声音，会很自然地引发各种"不讨喜及破坏力"，所以家长应该妥当地对待孩子的抱怨。但是，具体怎样做好呢？

"有的孩子抱怨，是因为他们真的陷于很沮丧的情绪，需要父母意识到，或者被安慰。"育儿顾问戈尔德解释说，"孩子也许并不具备通过冷静、持续性的方式表达情绪的能力，所以他们以自己的常规理解来诠释，或者用自己已掌握的方式方法，吸引大人们的注意，或表明哪个地方出了错。"

了解孩子的情绪和每句话的内在语，不是一件容易的事。如果家长不了解孩子的需求，还热心地为他提供解决方案，可能会让孩子反感，甚至终止沟通。

　　迪迪放学回到家后，她迫不及待地和妈妈分享这一天的感受。

　　迪迪："当班长太累了，又要自己学习，还要维持纪律。"

　　妈妈："既然不喜欢，就和老师说说不当了。"

　　迪迪："可是我也很喜欢当班长，它让我觉得很光荣。"

　　妈妈："既然你喜欢，那就不要再嚷嚷着说累了。"

　　迪迪（情绪沮丧）："可是喜欢不代表不累啊！"

　　妈妈（一脸无奈）："真不知道你到底要说什么。"

　　此时的迪迪，觉得郁闷极了，她不愿意继续跟妈妈交谈，因为她觉得这样的谈话无趣极了。

　　为人父母，如果知道"同理心"这三个字，我想，亲子关系应该就会更加亲密。简单来说，同理心是感觉进去，好像穿着别人的鞋子站一会儿，也就是体念他人的感受。这是一个真正倾听、了解并对他人感觉发生共鸣的过程。

　　如果迪迪的妈妈采取同理心去回应迪迪的抱怨，效果会有什么不同呢？

　　迪迪："当班长太累了，又要自己学习，还要维持纪律。"

　　妈妈："你今天好像很累。"

　　迪迪："是啊，当班长让我觉得很光荣，可却也让我总觉得有压力。"

　　妈妈："嗯，我明白你的感受，我也曾经有过这样的情况。"

迪迪："我该怎么做才好呢？"

妈妈："这让你很头疼，是吗？"

迪迪："是啊。"

妈妈："但妈妈相信你一定能处理好的。来，妈妈给一个鼓励的抱抱。"

迪迪："谢谢你，妈妈！我觉得舒服多了。"

心理学家琳恩·詹金斯表示，恻隐之心与理解，是减少孩子抱怨的很好方式。迪迪继续这样不停地讲着，很兴奋。她喜欢和妈妈说话，因为妈妈愿意当她的听众。在迪迪抱怨的时候，妈妈没有反驳，只是认真地倾听，"这让你很头疼，是吗？"迪迪心里的不好受得到了妈妈的理解，自然就释然了，不再纠结了。

如果孩子明白父母是自己"情感安全"的港湾，那么当他们遇到焦虑、担忧的事情时，会本能地信赖父母。所以，詹金斯博士建议，家长需要有意识地选择通过换位思考及移情心理的思考模式来考量孩子的言行。

当然，这并不是说，家长可以对孩子袖手旁观，只要听他过来抱怨抱怨就OK的。作为父母，你要始终牢记自己是孩子的引导者，要鼓励孩子多从乐观的角度想问题，看向事情的积极方面，寻求可以从抱怨中跳脱出来的解决方案。

爸爸妈妈早就和佳佳说好，星期天要去动物园玩。佳佳很期盼。可是从星期六开始就一直下雨。佳佳不停地问妈妈："明天天会晴吗？"

星期天早上，佳佳一睁开眼就问妈妈："妈妈，雨停了吗？今天能去玩吗？"

妈妈说："雨还下着，今天不能去动物园了。"

佳佳闷闷不乐地说："真讨厌，我讨厌下雨。"

妈妈说："雨不大，虽然不能去动物园，但是我们想想下雨天有没有好玩的呢？"

佳佳想了想，说："我想穿着雨衣、雨靴去踩水。"

"好呀，那我们快起床，吃饭，然后去踩水。"

虽然没有去成动物园，但是佳佳也玩得很开心。

爱抱怨的孩子往往只看到事情的消极方面，很容易被痛苦、委屈、受伤等情绪困扰，就像佳佳觉得下雨不能去动物园，就觉得很生气，开始抱怨了，"讨厌下雨，下雨不好玩"。但是，在妈妈的引导下，发现下雨天也有很多乐趣，比如跳水坑、找蜗牛等，同样能玩得很快乐。

孩子开始抱怨，肯定是有原因的，所以，我们一定要仔细倾听孩子抱怨的事情，分析其中的缘由，耐心地引导孩子学会积极地看待人和事。这样，他们才能学会以阳光的心态，乐观地面对生活。

当孩子说"打阿姨"时……

由于孩子的语言表达能力和思维能力不像成年人那样完善，他们的表达和思维都是简单化的，所以有时候会很模糊，有时候会很委婉，有时候也会很矛盾。但是，不管是哪种表达方式，都需要父母用心去听，领会孩子传递出来的信息。

孩子对于一件事物的喜欢或者不喜欢，几乎都是出于自己真实的情感需求，而不管是否符合成人所谓的道德体系。他们偶尔会说"讨厌父母"，可能只是因为父母忘记了答应过他们周末一起去游乐园。所以，不能用成人的道德要求去评断孩子的情绪感受，而是要"无条件地接纳"孩子的情感，了解这种在成人看来不能接纳的情感背后隐藏着他们怎样的心理需求。

多多的爸爸妈妈是上班族，工作比较忙。所以，从多多2个月大开始，他们就雇了一个保姆来照看多多。对于这位保姆阿姨，多多在不会说话的时候很喜欢、很信赖，可是从13个月会说话开始，每到早上妈妈要去上班，多多就嚷嚷着"打阿姨，打阿姨"。这种情况前后持续了一年多的时间。在这期间，多多妈妈变换了各种方法与多多进行沟通。

第一阶段：强烈谴责

多多嚷嚷："打阿姨，打阿姨。"

妈妈训斥："不能这么说，打人是坏孩子！"

多多继续嚷嚷："就打，就打。"

保姆阿姨脸色很不好看。

第二阶段：说服教育

多多嚷嚷："打阿姨，打阿姨。"

妈妈说道："阿姨像妈妈一样爱你，你怎么能打阿姨呢？"

多多继续嚷嚷："就打，就打。"

保姆阿姨脸色很不好看。

第三阶段：不闻不问

多多嚷嚷："打阿姨，打阿姨。"

妈妈就像没有听到一样，根本不理多多。

多多的反应更加激烈："打，打。"并且挥动小手。

保姆阿姨异常生气。

第四阶段：变换思路

多多妈妈开始思考：孩子为什么要无缘无故地打阿姨呢？

多多嚷嚷："打阿姨，打阿姨。"

妈妈问道："多多是想让妈妈陪你，阿姨去上班，对吗？"

多多点头。

妈妈说道："如果多多这样想，要说出来，妈妈才知道哦。"

多多一下子扑到妈妈怀里。

妈妈说道："那妈妈以后每天都多陪你一会儿再走，好不好？"

多多不闹了。

即便是在成人世界中，我们也会用"气死我了""我想揍他"这样的粗暴言语来表达感情，那么为什么就不能容许一个孩子这样表达呢？毕竟，孩子所懂得的语言并不多，当然，对于这种粗暴的语言背后的情绪，父母就得做到及时疏导，而不是要堵住孩子发泄情绪的途径。

所谓"无条件地接纳"，是指尊重孩子的身心发展规律，根据孩子所处的发展阶段接纳孩子当下的状态，不过多地对孩子的行为进行评价，不轻易给孩子"贴标签"，不批评和责备。

孩子的情绪，每时每刻都在传递着信息，但是很多家长察觉不到。作为家长，往往会自以为是地推理一番，粗暴地教育一番，然后就把孩子打发掉了。其实，孩子的任何想法、任何选择都是有理由的，只可惜很少有家长愿意聆听他们的想法，或者说有的父母即使听了，也很少会进一步深究孩子的内心需求。

"今天晚上我们一起睡吧。"朵朵央求着妈妈。

"怎么了，你的床不舒服吗？不是刚给你换的新床单吗？"妈妈不解地问道。

"我就是想和妈妈一起睡。"朵朵小声嘟囔着。

"你现在都5岁了，已经是个大姑娘了，怎么还能这么不独立，要和妈妈一起睡呢？"妈妈在那里谆谆教诲。

朵朵听完，什么也没说，噘着小嘴自己进屋了。

长期单独睡觉的朵朵，突然说想和父母一起睡觉了，也许是因为她感到最近几天自己不被重视，或许是因为当天发生了什么让她害怕的事情……这些可能的心理情绪和信号，就需要父母静下心来，走进孩子的内心深入，了解孩子的内心感受，做出合理的心理疏导。可以说，这是作为家长的必修课。

相信孩子内在有一个"需求"，而不是无理取闹

"棒棒糖掉了，我要吃！"

"你这孩子，自己没拿好，掉了还哭！好了好了，等会再给你买一根。"

"不要不要，我就要这一根！"

"你这娃还讲不讲理？这么脏的棒棒糖还能吃吗？"

其实孩子不是非要吃到这根棒棒糖，哭只是他当下情绪的宣泄。我们之所以会认为孩子"无理取闹"，只是因为我们缺乏同理心，不懂得共情。如果我们认同孩子的情绪，把他的伤心当回事，让他哭一会儿，等情绪稳定之后再询问他的意见，就不会迎来他的无理取闹了。

在生活中，当孩子有情绪的时候，很容易被发现，而难以发现的是情绪后面的"因"。正是这个"因"，需要家长深入地去觉察。如果我们能帮助孩子一起探寻情绪背后隐藏的深层原因，就能更加理解和包容孩子的情绪，找出孩子的动机和需求，引导孩子走出情绪困境。

下面是一位网友就自己儿子的无理哭闹咨询著名育儿专家包林运老师，他们之间的一段对话：

网友："今天早上，孩子7点起床，先玩后吃东西，磨叽到8点30分终于下了楼。走出单元门口，突然说要坐爸爸车。就算我告诉他，爸爸车已

经被爸爸开走了也不管用，陪着他绕楼找了一圈，没有，但还要找。我有点着急了，强行把他抱到车上。孩子大闹，路上一直喊着要回家。到了幼儿园门口，我又陪他在车里聊了会儿，见他情绪好点，我说下车进班吧，他又哭，一直喊着回家拿东西吃。已经快9点了，我强行把他抱进了班里，大概哭了五分钟才安静下来。包老师，我不知道在这个过程中我的做法是不是有问题。"

包林运："他不相信爸爸的车确实被爸爸开走了吗？"

网友："他应该是知道的，我觉得他只是想找个理由磨蹭。就像最后到幼儿园门口了，又说要回家拿东西吃。"

包林运："哦，那你有没有这样问问他？"

网友："没有。"

包林运："你一直是在跟孩子的借口做斗争，而没有点明你们之间的根本矛盾，或是说，没有让孩子说明他自己的真实意图。"

网友："嗯，没有说明。所以，您认为我今天早晨的问题在于没有点到本质，是吗？"

包林运："嗯。为什么共情会对缓解负面情绪有很好的效果？很多时候，因为是无名火，所以情绪才大。如果我们有能力看清自己的需求，内在需求是层层深入的，看得越深，对自己情绪的掌控能力就越强。所以，帮助孩子说出他的内在需求，对于他了解自己的情绪，掌控自己的情绪，是非常有帮助的。"

网友："嗯，我当时用的共情是：壮壮想要坐爸爸车。"

包林运："那个是表面的，你也看出来了，这只是他找的借口，另有其他原因。但是，作为孩子，他可能没有很清楚地意识到，自己是另有原因的。他找种种借口是为了磨蹭，但磨蹭也是有原因的。之所以磨蹭，是不是因为不想去幼儿园？或者想跟妈妈多待一会儿？我想，在这方面产生共情，可能效果会更好。我们要尽量减少在借口上浪费时间，尽快帮孩子面对情绪的主题。成人反省处理自己的情绪，也是如此。"

网友："对，想和我玩，没玩够。可是我觉得他已经玩了很长时间了呀。"

包林运："可能孩子就希望整天都这样玩，根本不想去幼儿园。下次你可以问问孩子。"

网友："他肯定是想就这么玩。"

包林运："那就帮孩子把这个愿望表达出来。我刚刚想到一种可能的情况，如果父母比较急躁，带有批评性地问孩子：'你一会儿这样一会儿那样是不是就是想磨蹭？'孩子很可能会不承认。只有父母真正是想理解孩子，完全出于关切，提示性地问：'你是不是想继续玩，不去幼儿园？'帮助孩子说出自己的愿望，才能启发孩子认识自己的情绪，才是情绪教育。"

壮壮想坐爸爸车吗？壮壮想回家吃东西吗？可能真的都能解释孩子"磨蹭"这个行为，但是这个行为的背后，孩子"不想去幼儿园"的原因，孩子"想和妈妈玩"的这个心理需求，没有人看到，也没有人关心。

实际上，情绪没有对错，也没有好坏，只是人之常情。孩子的每一个父母不能接纳的情绪背后都有可以理解的原因，都代表着一个强烈的心理需求！

因为年龄太小，例子中的壮壮并不能主动地、直接地、准确地表达出自己"想和妈妈玩"的这个情感需求。这个时候，他就会用其他的方式，比如坐爸爸车来发泄自己的需求或者说转移自己的注意力。

所以，在父母一方面耐心教导孩子的同时，也需要了解孩子无理取闹行为的背后也是存在需求的。显然，在这个例子里，壮壮妈妈疏忽了这一点，也就错过了一次妥当处理孩子情绪以及深入了解孩子内心的机会。

所以，提醒我们的各位家长，情绪的原因有多种层次，一定要透过孩子的行为，洞见他们情绪背后更深层次的心理需求，并准确地说出来，这非常重要。一旦孩子在父母的帮助下，理清了思路，清楚地知道自己正在经历什么样的感受，便会激发和提升他自我修复负面情绪的能力。

当孩子"出格"时，先别急着骂孩子

每个孩子都有自己的心声，作为家长，一定要耐心倾听，才能真正了解孩子的想法和感受，做好亲子之间的沟通，建立和谐的亲子关系。

当孩子在说话时，无论家长有多忙，一定要用眼睛看着孩子，不要随意插嘴，尽量传达出听得很有兴趣的信息。如果家长在某一重要原则上表示不同意孩子的看法，应告诉孩子不赞同他的什么观点，并说出理由。但是，在提出反对意见时不要过于武断，应等孩子说完他要说的话后再评断。即使你感觉孩子是在胡说八道，也要控制住火气，不妄下定论。

一位妈妈问她5岁的儿子："假如妈妈和你一起出去玩时口渴了，一时又找不到水，而你的小书包里恰巧有两个苹果，你会怎么做呢？"

儿子小嘴一张，奶声奶气地说："我会把每个苹果都咬一口。"

虽然儿子年纪尚小，不谙世事，但妈妈对于这样的回答，心里多少有点失落。她本想像别的父母一样，对孩子训斥一番，然后再教孩子该怎样做，可就在话即将出口的那一刻，她突然改变了主意。

妈妈握住孩子的手，满脸笑容地问："宝贝，能告诉妈妈你为什么要这样做吗？"

儿子眨眨眼睛，满脸童真地说："因为……因为我想把最甜的一个给妈妈吃！"

那一刻，妈妈的心里欣慰极了，她在为儿子的懂事而自豪，也在为自己给了儿子把话说完的机会而庆幸。

孩子的天真烂漫、纯真善良，都在这最后一句话里尽显无疑。但是，不是所有父母都能做到像上文中那位妈妈一样，给孩子说出最后一句话的机会。其实，孩子让我们感到惊奇的一刻往往就在最后。

孩子有着不同于大人的思维模式，他们的思维大都是发散性的，充满想象力，没有生活经验的束缚，也不会带有任何的道德意识。作为父母，一定要去理解孩子的这种思维，不能凭借自己的生活经验或者道德要求去对孩子未说完的话做评价，这对孩子的心灵会造成很大的伤害。

他是个单亲爸爸，独自抚养一个7岁的小男孩。每当发现孩子和朋友玩耍后受伤，他对过世妻子心中的歉意，便感受尤深，心底不免传来阵阵悲凉的低鸣。

这是他留下孩子出差当天发生的事。因为要赶火车，没时间陪孩子吃早餐，他便匆匆离开了家门。一路上担心孩子有没有吃饭，会不会哭，心老是放不下。即使抵达了出差地点，也不时打电话回家。可孩子总是很懂事地要他不要担心。因为心里牵挂不安，他便草草处理完事情，踏上归途。回到家时孩子已经熟睡了，他这才松了一口气。旅途后的疲惫，让他全身无力。正准备上床睡觉时，他大吃一惊：被子下面，竟然有一碗打翻了的泡面！

"这孩子！"他在盛怒之下，朝熟睡中儿子的屁股，一阵狠打。

"为什么这么不乖，惹爸爸生气？你这样调皮，把被子弄脏，要谁洗？"这是妻子过世之后，他第一次动手打孩子。

"我没有……"孩子哭着解释，"我没有调皮，这……这是给爸爸吃的晚饭。"

原来孩子为了配合爸爸回家的时间，特地泡了两碗泡面，一碗自己吃，另一碗给爸爸。怕爸爸那碗面凉掉，所以放进了被子下面保温。

爸爸听了，不发一语地紧紧抱住孩子。看着碗里剩下那一半已经泡涨的泡面："孩子，对不起，爸爸错怪你了，这是世上最美味的泡面啊！"

即使再年幼的孩子，也有独立的人格尊严，做父母的应耐心地让孩子把话说话。如果父母发现错怪了孩子，就要勇敢地向他们说"对不起"。只有这样，才能建立健康、和谐的亲子关系。

每个孩子都有无数的惊喜等着父母去发现，耐心地听孩子把话说完，别剥夺孩子解释的机会，感受孩子的童真和内心的爱，这对于每个父母来说都是一门必修课。

否认能力：毁掉一个孩子，三个字足够了

有一项调查显示，在现实生活中至少有70%的父母觉得自己很称职，而在这些父母中，又以独生子女的父母居多，原因是父母觉得自己什么活都愿意替孩子做，什么苦也都愿意替孩子受。可是，这样真的就是一个称职的父母吗？这样对孩子的成长来说是一件好事情吗？

乐乐上五年级，因为是家中的独生女，父母对她呵护备至，总觉得孩子还小，什么都做不了，什么也不用做。

"这件衣服脏了，我拿去洗洗。"乐乐高兴地拿起自己的脏衣服对妈妈说。

"不可以哦，你还小，洗不干净。先放着吧，待会儿妈妈洗。"妈妈笑着对乐乐说。

"妈妈，周末我想和几个同学一起去郊游？"乐乐兴奋地向妈妈请求道。

"又不是集体活动，迷路了怎么办？不安全，不可以去啊。而且，你明天还要上舞蹈班呢。"妈妈一脸担心地说道。

"这也不可以，那也不可以，就只知道让我学习啊学习，我到底还有没有自由啊？"乐乐终于生气了。

"我都是为你好！这么做不都是因为爱你，关心你吗？"妈妈一脸无辜，觉得自己很委屈。

其实，妈妈所谓的"为你好"让乐乐不堪重负，她并不开心，觉得妈妈不相信自己，还剥夺了自己成长的机会，渐渐地就开始对妈妈心生怨恨，喜欢和妈妈对着干。

现在的很多孩子都是独生子女，所以家长经常打着"为你好"的旗号，一而再，再而三地对孩子说"不可以"！家长们总觉得孩子还小，愿意帮他们做好一切。可是我们的处处否定，既让自己筋疲力尽，也让孩子的性格有了强烈的变化：孩子变得固执叛逆，脾气越来越犟，总是和大人对着干，越不让干的越要干……

家长本以为自己无私的爱能保证孩子幸福健康地成长，可是孩子并不这么认为，反而认为家长阻碍了自己成长的自由，从而引发不快和矛盾，影响了亲子关系的和谐。像文中的乐乐就是如此，妈妈无微不至地照顾她的生活是为了表达关爱，可在她看来，却阻碍了她动手能力的培养。

爱孩子是人之常情，但是在爱孩子的过程中，要讲究原则，把握尺度。要知道，家长和孩子看问题的方式不尽相同，所以，高情商的家长都懂得蹲下来，耐心地站在孩子的角度和高度，充分尊重和理解孩子的想法，不会因为心中有爱就对孩子过度约束。要知道，爱得多不如爱得对，真正的爱应该是孩子成长道路上的不竭动力，而不能成为孩子前进的阻碍。

在宠溺中成长的孩子，长大的是身体，长不大的是心灵。一个人的心灵成长不了，那就永远不会强大。

如果家长总是觉得孩子还小，出于保护孩子的立场，这也不许做，那也不让做，继续包办他的一切事情，不愿意让孩子自己去尝试，孩子也会在内心对自己产生不信任感。这对孩子以后各种能力的发展都会产生不良的影响。

高情商妈妈会做孩子成长路上的引导者，而不是"全能保姆"。她们懂得适时放手，让孩子自己的事情自己做，去经历，去锻炼。从小培养孩子独立生活、自主思考的能力，会让孩子受益一生。

不少教育专家提醒父母：不要总是去否定孩子，这样孩子只会越来越困惑。相反，要是给予他们自由和鼓励，孩子也会表现出优秀懂事的一面。

"妈妈，我想跟同学去爬山，我很喜欢爬山。"王琪跟妈妈说。

"去吧，注意安全！"王琪的妈妈回答道。

"爸爸，我不想去上钢琴课了，我不喜欢钢琴，我比较喜欢运动项目，要不给我报一个羽毛球班吧？"王琪跟爸爸说。

"这个，你自己决定吧！"王琪的爸爸回答道。

王琪今年已经14岁了，也是家里的独生女，却很少在她身上看到独生子女的娇气。相反，只要是她力所能及的事情，她都会自己去做。而且，王琪也是一个很有主见的人。王琪说，这一切都是归功于父母很少去否定她的一些想法，这才可以让她一直做自己想做的事情。

每个父母都想成为好父母，做称职的父母，希望自己可以给孩子前进的动力，那就试着不要再去轻易地否定孩子，而是去鼓励孩子，让他们在实践中得到一些情感的满足，获得一些前进的经验。这才是真正称职的父母，这才是真正爱孩子。

Part 2

"正确表扬孩子"的话

——高段位的表扬，才能带来积极的能量

赞美使人进步，但"你真漂亮"除外

美国著名心理学家罗森塔尔教授曾经做过这样一个实验：

罗森塔尔教授将一群小白鼠很随意地分为A组和B组，他告诉A组的饲养员说，这一组的老鼠非常聪明，同时又告诉B组的饲养员说，这一组的老鼠智力中等偏下。几个月后，罗森塔尔教授对这两组老鼠进行穿越迷宫式的测试，发现A组的老鼠居然真的比B组的老鼠要聪明很多，它们能够先走出迷宫并找到食物。

通过这个实验，罗森塔尔教授得到了启发：这种效应会不会也发生在人的身上呢？于是他来到一所普通中学，先在一个班里随便走了一趟，然后就在学生名单上圈了几个名字，告诉他们的老师说，这几个学生的智商很高，很聪明。过了一段时间，罗森塔尔教授又来到这所学校，惊奇地发现那几个被他很随意选中的学生现在真的成了班上的佼佼者。

为什么会出现这样的现象呢？

这是因为，罗森塔尔教授是著名的心理学家，在人们心中有很高的权威，老师们对他的话都深信不疑，因此就对他指出的那几个学生充满了信心，经常称赞他们，而学生也感受到了这种期望，认为自己是聪明的，从而提高了自信心，就真的成了优秀的学生。

称赞会给孩子以极大的鼓舞，而父母的表扬与其他人相比产生的作用会更大。心理学家经过实验发现，孩子总是在无意识中按父母的评价强调自己的行为，以得到父母的表扬和认可。

有一位妈妈在擦桌子的时候，她1岁多的儿子蹭过来，学着妈妈的样子，手里拿着一块布在桌子上抹来抹去。其实，这么小的孩子，完全没有做家事的概念，他只是单纯地模仿妈妈而已。这位妈妈则抓住了这样一个夸奖孩子的机会："小伟真懂事，这么小就想帮妈妈擦桌子，将来一定是个优秀的孩子。"孩子听到妈妈这样讲，马上来了精神，在桌子上抹得更带劲了。妈妈擦完桌子之后，告诉孩子："以后擦桌子的时候要注意，这些边边角角也要很干净，那就更好了。"孩子很满意地点了点头。

所以，在日常的教育中，家长应该对孩子多一些表扬，少一些批评。对孩子的一些想法和行为，不能按照成人的标准来判定，应该发自内心地赞美孩子："你真棒，我小的时候可没你这么有创意。"孩子的进步就会越来越快，也会把父母当作自己生活中的良师益友。如果父母只是一味地指责，甚至是狠狠地训斥，那孩子的自尊心，还有无限的潜能，都会被父母的训斥声所淹没。

鼓励是自信的酵母，夸奖是自信的前提。让孩子变得更加优秀，最有效的方法就是，及时地夸奖和鼓励。夸奖会使孩子坚定自己的信心，从而更加努力地为成功找方法。

可能有的家长会产生这样的疑问：如果一味地夸奖孩子，把孩子教得骄傲自大怎么办？如果孩子今后听不了批评的语言怎么办？将来的孩子不听话很难教怎么办？

这种顾虑很正常，而且这种现象也的确会有。其实，夸奖孩子是有要领可循的，有些方面一定要夸，而有的方面一定不能夸。

著名作家毕淑敏在随笔《请为你的夸奖道歉》中，曾提到关于她朋友的一件事：

朋友到北欧做访问，周末到一位教授家中做客。看到教授5岁金发碧眼的小女儿，不禁夸奖了一句："你长得这么漂亮，真是可爱极了！"在小女孩离开后，教授非常严肃地对朋友说："你伤害了我的女儿，你要向她道歉。"

朋友大惊，无法理解："我只是夸奖了你女儿，并没有伤害她呀？"但是，教授坚决地摇了摇头，说："你是因为她的漂亮而夸奖她。但漂亮这件事，不是她的功劳，这取决于我和她父亲的遗传基因，与她个人基本上没有关系。但孩子还很小，不会分辨，你的夸奖会让她认为这是她的本领。而且她一旦认为天生的漂亮是值得骄傲的资本，就会看不起长相平平甚至丑陋的孩子，这就给她造成了误区。"

"其实，你可以夸奖她的微笑和有礼貌，这是她自己努力的结果。"教授耸耸肩说，"所以，请你为你刚才的夸奖道歉。"

朋友非常认可教授的说法，很正式地向她的女儿道了歉，同时赞扬了她的微笑和礼貌。

在生活中，我们看到漂亮的小女孩会情不自禁地夸她长得真漂亮，或者夸小男孩长得帅，却从没想过可能会给他们造成错误的认知，比如，过分在意自己的外表，不停照镜子；忘乎所以，自视甚高，轻视长相平平的孩子等。这就有悖我们夸奖的初衷了。

我们夸奖孩子，为的是让他们更加健康地成长，所以夸奖应该是侧重于孩子的好习惯、好态度、好品格。比如，一个孩子天天坚持写日记，得到夸奖之后，会坚持得更好；一个孩子很懂得让着自己的小弟弟，得到夸奖之后就会变得更加懂事……而对于孩子的天分、长相这些先天的优势，它们不是值得炫耀的资本和技能，就不需要一次次地夸奖了。

夸奖具有启发性和鼓励作用，但夸奖过多，会带给孩子压力，形成焦虑。所以夸奖要适可而止，应该用欣赏、交谈、聆听等方式代替过多的夸奖。总之，我们不能让孩子在受责备的环境中成长，但是也不能让他们整天泡在赞美里，要学会适度夸奖。

你总是夸孩子聪明，所以他变笨了

孩子的成长需要父母的鼓励，但在现实生活中，不知从何时起，父母开始模板式对孩子进行赞扬，脱口而出这样的万能句："你真棒""你好聪明""加油哦""好好干"……诸如此类，我们轻车熟路，又万事大吉。

其实，这类表扬语言有时已经成为习惯性反应，为表扬而表扬，仅仅是对孩子空泛的评价和判断，具体哪方面棒、如何去做，却只字未提，容易显得不够真诚，所以不能引起孩子的共鸣，根本起不到激励的作用。这样的表扬多了，对孩子毫无意义。学会正确地表扬孩子，是父母需要学习的重要功课之一。

比如，孩子很兴奋地跟妈妈说："妈妈，我这次考了100分！"妈妈也高兴地回应道："真棒！你真是太聪明了！"其实，妈妈这句话传达出来的潜台词是：你考了100分是因为你聪明，而如果你考不好，则是因为你笨。孩子也会因此而给自己打上"我棒""我聪明"的标签，接下来，为了继续得到"棒""聪明"的评价，就只会选择做自己有把握的事，上进心也会慢慢消失了。

这种情况下，如果妈妈给予如此回应："太棒了！妈妈真为你高兴！你的努力都是值得的，下次也要再接再厉啊！"即让孩子把学习成果与态度、方法联系起来，也就是"夸努力，不夸聪明"，就高明多了。

海姆·吉诺特是一位临床心理学家、儿童治疗专家，他在一本书中记录过这样一个案例：

　　一个12岁的小女孩正在玩游戏，刚玩到第三关，她爸爸对她说："你太聪明了！你配合得真棒！你是个专业级玩家了！"可爸爸刚说完，女孩儿突然就不想玩了。她说："爸爸觉得我是个很棒的玩家，但我能玩到第三关是运气好。如果是靠我的努力，我可能连第二关都到不了。所以我最好还是别玩了。"

　　"当我们夸孩子聪明时，等于是在告诉他们，为了保持聪明，不要冒可能犯错的险。"斯坦福大学著名发展心理学家卡罗尔·德韦克如是说。所以，这位爸爸言过其实的不当表扬不仅没有鼓励女儿继续挑战更困难的任务，反而促使她选择了放弃，因为在爸爸夸张的赞美下，她失去了抵抗不完美的能力，拒绝挑战，害怕自己不能够表现得像个"专业玩家"，会失去"聪明"的评价。

　　最近，身边的朋友都在讨论怎么夸孩子最有效。比如，夸具体不夸全部，"谢谢你帮妈妈扫地"比"好孩子，你真棒"强；夸事实不夸人格，"摔倒了都没哭，真棒"比"真是好宝宝"强……

　　孩子表现好，若父母夸得具体、夸他努力，孩子懂得了，下次还会这样做；若父母夸得笼统、夸他聪明，孩子要么容易以为"天生聪明、不需要再努力"，要么在下次失败后会深刻地怀疑自己的能力。所以，夸孩子，有讲究，值得为人父母者注意。

　　当我们在日常生活中遇到孩子表现优异，按捺不住地想脱口而出"你真棒""你好聪明"时,不妨借鉴一下美国小学老师制订的这份关于表扬的"话术清单",从中挑一句来替换掉吧!

1.你刚才很努力啊!——表扬努力

2.尽管很难,但你一直没有放弃。——表扬耐心和坚持

3.你做事情的态度非常不错。——表扬态度

4.你在____上进步了很多!——表扬细节

5.这个方法真有新意!——表扬创意

6.你和小伙伴们合作得真棒!——表扬合作精神

7.这件事情你负责得很好!——表扬领导力

8.你一点都不怕困难,太难得了!——表扬勇气

9.你帮____完成了他的任务,真不错!——表扬热心

10.你把自己的房间/书收拾整理得真好。——表扬责任心和条理性

11.我相信你能做到,前几次你说话都算数。——表扬信用

12.你今天参加活动时表现得很好!——表扬参与

13.你很重视别人的意见,这点做得非常好。——表扬开放虚心的态度

14.真高兴你做出这样的选择。——表扬选择

15.你记得_____!想得真棒!——表扬细心

高段位的表扬,才能带来积极的能量。快来发现孩子的闪光点,给出一个诚恳的、具体的、鼓励满满的表扬吧!

孩子赌气，可能是在"求表扬"

亨特妈妈最近因为儿子的坏毛病头疼得厉害。不知道从什么时候开始，亨特经常忘记把牙刷放到杯子里，每次刷完牙，他总是顺手就丢在洗漱池的台面上，既不卫生也不整齐。

"亨特，你怎么又把牙刷扔在外面了，我不是告诉过你，牙刷用过后要放到杯子里吗？"从卫生间传出了亨特妈妈的喊声。

亨特正在玩自己的玩具，听见了妈妈的话就随口应付说"知道了"。

亨特妈妈见儿子并没有认真听她说话，打算再强调一下，以巩固效果。

"亨特，你过来一下。"

"干吗呀？"亨特很不情愿地放下玩具走了过去。

"把牙刷放在杯子里去！"

亨特很快放好，转身就走了。

"以后记住了！"

"知道了！"

第二天，亨特把牙刷放到了杯子里，还特意摆了摆位置，但是妈妈没有注意到这个小细节，她把儿子摆牙刷的事看成了一件很正常的事情。妈妈的表现令亨特很没有成就感。

第三天，牙刷又被亨特丢到了台面上。

"亨特，你的坏习惯怎么老是改不了？看，又没有把牙刷放到杯子里，怎么搞的？"妈妈生气地说道。

"我以为你不记得了。"亨特有点赌气地说。

"什么叫'我不记得了'？"妈妈不解地问。

"因为昨天我的牙刷是放在杯子里的，你什么也没有说。"

这个例子让我想起了曾在一本书上看到的一件事：一位家长由于孩子吵闹不休而火冒三丈："你们就不能安安静静地玩一会儿吗？"孩子答道："我们当然能。只不过我们安静的时候你根本没注意罢了。"是啊，为什么父母对孩子的缺点、退步如此敏感，立刻做出反应，而对他们的优点、进步却这样麻木，不加注意、不加表扬呢？

只要孩子有进步，哪怕很小，父母也应该及时表扬。当孩子意识到自己存在的问题，下决心改正时，父母一定要细心观察，及时鼓励，给予充分的肯定，绝不能无动于衷，视为理所当然。无动于衷会挫伤孩子的积极性，觉得父母对自己的进步漠不关心，认为自己的努力白费了。久而久之，孩子就会失去成就感。

青少年都有强烈的表现欲望，想让别人理解自己，认识自己具备的能力。当他们表现良好、做出成绩或者取得进步时，是十分希望得到肯定和赞许的。这个时候，他们几乎将所有的精力和期待都放在了这件事情上，所有的兴奋点也全部集中到了这件事情上。如果父母能及时发现，并予以表扬，孩子要求进步的动机就会得到强化，心理得到满足。

12岁的凯文有个令人讨厌的坏习惯，他每天放学一回到家，就把他的书包、鞋、外套扔到客厅的地板上。虽然偶尔凯文也会按妈妈的要求把东西都摆放好，但大多数时间都是随地乱扔。对此，凯文妈妈试过很多方法来矫正他这个毛病，但无论是提醒他、责备他、惩罚他，都无济于事，凯文的东西仍旧堆在地板上。

在上述方法都不见效果的情况下，凯文妈妈决定尝试一种新方法。

这天，凯文妈妈看到凯文经过客厅而没有扔东西时，她立即走上前去，轻轻地拥抱了一下凯文，并感谢他的体贴、懂事。凯文刚开始很吃惊，但很快他的脸上就充满了自豪。因为他将自己的东西带入自己的房间而受到了肯定和表扬，于是在这之后，他就尽力去这样做，而他的妈妈也记着每次都对他表示感谢。

表扬孩子的正性行为比责备他们的负性行为更有效。当孩子有了改正错误的意愿时，除了赞赏和鼓励外，父母还需要多一分耐心和宽容，不要用怀疑的态度来对待孩子的承诺，更不要讽刺挖苦。

所以，父母要经常注意观察孩子的言行，一旦发现孩子做出良好的行为时，就及时给予表扬，使孩子的良好行为成为"习惯"，尤其是对于那些胆怯、缺乏信心的孩子，更应经常、适时表扬他们的行为。

著名儿童教育家陈鹤琴曾说过："无论什么人，受激励而改过，是很容易的；受责骂而改过，是不大容易的。小孩子尤其喜欢听好话，而不喜欢听恶言。及时有效的好话，对于孩子改过有着不可估量的作用。"

此外，父母及时的鼓励也可以培养孩子的自强心。什么是"自强心"？就是在自尊心初步形成后（相对短的时间内），能够在逻辑思维基本结构创建期和丰富成长过程中，通过"比较心理"在信息环境中呈现出更为强烈的"被重视性逻辑思维"外在表现的过程。

3岁6个月的晓晓很认真地画了一幅画。

晓晓："妈妈，你看看我画的这个房子！"

妈妈："妈妈正忙着呢，让爸爸看看吧。"

晓晓："爸爸，过来一下，看我画的画。"

爸爸："爸爸正在画图纸，画完就去看！宝贝先自己看会书吧。"

晓晓撇着小嘴，非常失望地盯着自己的那幅画。

晓晓最近对画画非常感兴趣，当她满怀期待地把自己的新作品给爸爸妈妈欣赏时，因为没有得到自己想象中的鼓励或者肯定而闷闷不乐，这就是晓晓的"自强心"受到一定伤害的表现。

晓晓的父母也许不知道，他们无意间失去了一次增强晓晓"自强心"的良好时机。经常这样应付孩子，容易使孩子的"自强心"丧失，也就更谈不上对"自强心"的良好培育了。所以，当孩子主动呈现出"自强心"的表现时，父母一定要给予及时、适当的鼓励。

晓晓："妈妈，你看看我画的这个房子！"

妈妈（认真观看作品之后）："晓晓画得好棒啊！红色的三角形屋顶、黄色的正方形窗户，还有圆形的门。晓晓会画这么多图形了呀？"

晓晓："当然了，我是很优秀的哦。"

妈妈："晓晓真厉害！爸爸，快来看咱们晓晓新画的画，颜色好丰富哦！"

其实，我们可以感受得到，当孩子在某一方面有积极变化或努力表现的时候，来自外界的及时肯定和赞美会让孩子感觉是真诚的，而且是有力量的。最重要的是，他在往积极变化这个方向找到了力量，那么孩子就会越来越好。

一种高段位的表扬法，不知道你就OUT（落伍、出局）了

情景一

被人夸长得漂亮，你喜欢哪一种夸法？

1.你长得真漂亮！

2.你的五官真精致，尤其是鼻子，让脸庞特别有立体感。

情景二

你从讲台上下来，刚进行了一段激情的演讲。

1.你讲得真好！

2.你的演讲内容很丰富，语调也抑扬顿挫！

同样都是表扬，第一种给人的感觉是：很宽泛、很随意，大多数人都不会放在心上；第二种的段位明显提升一截，非常具体，人们通常会很乐意接受这样的夸奖。因此，专家建议，父母在夸奖孩子时要多用赞赏的语气描述自己所看到的，让夸奖变得很形象，孩子听到这样的描述后，真的就能够打心底开始赞赏自己。

我 4 岁的孩子从幼儿园回到家，手里拿着一张纸，上面是些铅笔涂鸦，放到我眼前，问："画得好吗？"

我说："你画的一个圈，一个圈，又一个圈……一个拐弯，一个拐弯，又一个拐弯……点，点，点……线，线，线！"

"嗯。"孩子狂点头。

我说："你怎么会想到要这么画？"

他想了一会儿："因为我是个艺术家！"

如何做到高段位的表扬呢？亲子沟通专家阿黛尔·法伯用亲身经历告诉我们，用描述法进行表扬，绝对是一个历史性的进步，因为在父母描述之后，孩子真的就会赞赏他们自己。

那么，父母在实际运用中到底该如何使用"描述法表扬"呢？下面我们就结合一些例子做具体的分析。

第一，家长要发散思维，善于用描述性句子

比如，孩子写了一篇不错的文章，你不能简单地给孩子贴上"你写得真好""你的写作天赋很高哦"之类的标签；不妨发散一下思维，换一换表达方式，用描述性的语言告诉孩子："你这篇文章开头简而得当，通过环境描写来衬托人物心情，十分艺术化；结尾处集中表达情感，既照应开头又总结全文；首尾连贯，一气呵成。可见，你写这篇文章是经过思考的，付出了努力。"

这样一来，孩子就会跟着家长的描述发现自己的优点，肯定自己，就会觉得"只要我努力，认真思考，就可以写出好文章来"，自信也就慢慢树立起来了。

第二，在描述性的语句后再加一个总结性的词，帮孩子全新认识自己

比如，"你说好6点回家的，现在正好6点，这就叫作'守时'""你看见书架上的书乱了，就整理了一下，这就叫作'有主动性'""妈妈并没有时时刻刻监督你，但爱吃糖果的你依然做到了每天只吃一颗，这叫作'有自制力'""你把衣服都分类，上衣、裤子都放在不同的隔层里，这就叫作'有条理性'"……

父母在描述后，加一个总结性的词语，能让孩子对自己有更准确的认识，并且这种自我确认会贯穿到孩子以后的行为中，会变得越来越守时、有自制力、有条理性。

总之，父母要从生活中的每一个细节去发现孩子值得表扬的地方和需要改进的地方，用一种细致入微的描述性语言夸奖或者批评孩子。这样，孩子就可以真正地进步，也能不断地加强自信和自尊。

如何科学地使用物质奖励

有位老人看上了乡村幽静淡然的环境，特意从喧嚣的城市搬到一个小乡村里休养。住进新房的第二天，老人就发现：这里有一个很不利于休养的因素——在他的住处附近有一群十分顽皮的小孩子，他们天天互相追逐打闹。喧哗的吵闹声使老人无法静心休息，老人试图用长辈的身份要求他们禁止吵闹，但是无论是跟他们讲道理，还是严肃地责骂他们，打闹声都屡禁不止。

后来老人想到一个好办法，他把孩子们都叫到一起，告诉他们：他将根据孩子们吵闹的情况给予不同的奖励。谁叫的声音越大，谁得到的奖励就越多。

孩子们很是开心，叫的声音大就能拿到奖励让他们一个个兴奋不已。很快，吵闹声响了起来，比以前的任何时候都要大。老人耐心地等着，等到所有的孩子都喊得筋疲力尽了，他拿出家里存着的好吃的糖果，给了那个叫的声音最大的孩子。

一连几天，孩子们已经习惯了通过叫喊声来获取奖励。就在这个时候，老人突然宣布不再给叫声大的孩子任何奖励，无论孩子们怎么吵闹，他都坚决不给。

结果，孩子们认为"不给糖了谁还给你叫"，觉得受到了不公正待遇，就再也不到老人所住的房子附近大声吵闹了。

故事中的孩子，因为把他们的喊叫吵闹跟奖励联系在一起，他们会很自然地认为吵闹是他们获得奖励的原因，因此，当老人拒绝再给他们奖励的时候，他们就觉得应该放弃吵闹。

"给爸爸捶捶肩，给你10块钱""去给爸爸买盒烟，零钱就归你了""把青菜吃完妈妈就给块巧克力""乖乖上完舞蹈课就给你买个芭比娃娃"……您是不是也经常这样，习惯用有形的物质奖励来换取孩子配合做事？

其实，这种做法并不是可取的。亲子关系不是商业交易，这种教育孩子用金钱换取亲子间互助与合作的方法，最终会导致孩子想要零花钱时就要求"爸爸，我给你捶捶肩吧"这种强卖行为，甚至慢慢学会操纵大人，不给奖励不做事，妨碍良好习惯养成。

此外，有些父母还喜欢用金钱来奖励孩子的努力学习，"数学考试100分，奖励50元"，这使孩子渐渐忘记了学习真正的乐趣，让孩子觉得自己努力的"唯一"结果是为了得到奖励。如果有朝一日，奖金没有了，恐怕孩子的努力也就没有"奔头"了。这种做法还会使孩子认为，为全家挣钱的爸爸很伟大，而鄙视每日忙于家务的妈妈。

当然，物质奖励并不是要全盘否定，对其赋予新的意义则是可行的。比如，把去吃麦当劳或肯德基的奖励变成一次或远或近的出行；把不断升级的电子玩具变成孩子自己挑选的好书……都是不错的选择。

当然，奖励孩子的原则应是精神奖励重于物质奖励，否则易造成"为钱而怎么做""为父母而怎么做"的心态。公司老板如果希望自己的职员努力工作，就不要给予职员太多的物质奖励，而要让职员认为他自己勤奋、上进，喜欢这份工作，喜欢这家公司。同样的，父母如果希望孩子努力学习，建立良好品质，也不能用金钱去奖励孩子的好成绩，而要让孩子觉得自己喜欢学习，学习是件有趣的事。

如果孩子犯了错误，父母也不应该用金钱来衡量错误的损失，而要教会孩子从人文的角度看问题。比如，孩子把花瓶打碎了，不应斥责他"你都做了些什么？你知道它值多少钱吗？"而应带着惋惜的口吻说"这可是爷爷最喜欢的花瓶呀"。已经打碎了，也没有办法，只要提醒他以后注意就是了。

预支表扬，给孩子一个向上的理由

人在一种良好的期望中生活，经常听到的是期望的语言，就会变得非常自信。这时候心理和生理都会调整到一个积极、活跃的状态，真的就能如自己所期望的那样达到一个个目标。因此，每位家长对孩子都要有一个好的期望，适当地给孩子"戴高帽"就是一种很有效的方法。这个"高帽"并不是虚假表扬和一味护短，而是"预支"表扬，为孩子的行为指明目标和希望，增强其信心。

当孩子犹豫要不要把零食和妈妈分享时，妈妈故意说他是个大方的好孩子，得到了鼓励的孩子很可能就会因此而变得更大方。有时家长不用直接鼓励，而是通过跟别人谈话来赞扬孩子，让孩子"不小心"听到对他的赞扬，这样的"高帽"增加了很多真实感，孩子会更加乐于接受，同时也能增强他的行动力。

小樱生活在一个相对民主的家庭。她的父母都是高校老师，虽然平时对她的要求比较严格，但在家庭生活中，父母尊重小樱的意见，也十分重视对她各个方面的培养。在小樱刚读初一的时候，妈妈就任命她为"家庭管家"，让她帮忙管理家庭事务，参与家庭决策。

过年前，家中的三位成员都想添置新东西。妈妈想买双新鞋子，爸爸想买台新电脑，而小樱想买个新手机，三人各抒己见。

"我也觉得三个人的愿望都满足是最好的，但以咱家目前的经济情况，这样做的话接下来就可能要过一段拮据的日子了。"妈妈说。

"是啊，我们都明白。"爸爸和小樱一致说。

"那怎么办吧，还是让我们的'家庭管家'来决定吧。我相信她是一个懂事的孩子，一定会做出正确的决定。"

小樱听后，想了很久，最终做出了决定："还是先给妈妈买鞋子吧，否则冻着了怎么办？健康第一啊。之后，可以给爸爸买电脑，爸爸的工作需要它，然后再给我买新手机。"

听到女儿的决定，父母由衷地感到高兴。

与成人一样，孩子也喜欢听到赞美的话，希望得到认可，在一定程度上甚至更喜欢有人能给他"戴高帽"。小樱的父母给了她一个"家庭管家"的头衔，并且能经常为她创造管理家庭事务、参与家庭决策的机会。在小樱看来，这不仅是父母尊重自己话语权的表现，也是父母对自己能力的肯定和信任，所以她很乐意接受父母的任命，并且在处理问题时能从"家庭管家"的身份来思考和做出决定。

此外，小樱在担任家庭管家的同时，还体验了管理家庭事务、协调家庭成员利益的不易，从而能更好地体会到父母持家的艰辛和苦难。另外，在这个过程中，她不仅增强了自信，而且各方面的能力也得到了一定程度的培养和提高。

父母根据孩子的特点和优势适当地给孩子"戴高帽"，并不是说父母可以任意地夸大孩子的优点，盲目地进行表扬。而是希望父母能以一种尊重和平等的姿态来对待孩子，突出孩子在家庭生活中的重要作用，多给孩子一些施展才华的机会，让孩子在这个过程中获得成就感，实现自我价值。

在运用给孩子"戴高帽"这种方式时，父母首先应该遵循适度的原则。"戴高帽"的赞美方式在一定程度上是对孩子及其能力的肯定，但在表达方式上却带有一些夸大的成分。如果过多地使用或是经常夸大孩子的表现，孩子就有可能因此而忘乎所以，变得异常骄傲，这对孩子的成长十分不利。

其次，父母应该根据孩子的性格特点决定是否选用这种方式。对于那些内心羞涩、自信心不足的孩子，父母可以适量地使用"戴高帽"的方式，以激起孩子的自信心和成就感，帮助他不断进步；而对于那些平时就很骄傲，容易自满的孩子，父母还是少用为妙。

表扬孩子，请不要表演

我们越大肆表达自己的赞赏，孩子越不领情。身为父母的你，是否也有过同样的经历呢？

朋友有个5岁的女儿，一天，小姑娘拿着一幅自己甚为满意的"大作"给朋友看，希望能得到爸爸的赞美。

朋友看了一眼，立刻表扬道："多好的一幅画啊！"

小姑娘问："好在什么地方？"

朋友说："整体都不错。多美啊，太漂亮了！"

小姑娘追问："那最好是哪里？"

朋友说："都挺好的。"

"爸爸根本就不喜欢……"小姑娘有点失望，甚至有点不开心。

事实上，赞美孩子的绘画作品并没大家想象中的那么简单，如果表扬的方式太随便，表演的痕迹太明显，反而会起到贬低的作用。例如，"就像毕加索画的一样，参加比赛一定能得奖"，这种夸张的赞扬会使孩子很扫兴，产生不舒服的感觉，觉得父母毫无诚意。如果不是父母，换成其他人，这种夸张的说法就如同露骨的吹捧一样，潜在的意思是"你的画就那么回事"，会让孩子无法接受。

想让孩子得到正面的鼓励，我们可以从立意、构图、颜色、细节、想象力、创造力等各个方面，抓住某一处闪光点给予赞赏，还可以评价这幅画中令人感动的地方。比如，"这个天空的颜色很有意思"，或"这个脸画得很像妈妈"，用针对性强的描述性语言，恳切地进行适中的评价很重要。这样，孩子就知道你真的有认真在看他的画，才能明白自己的画好在哪里，真实地感受到画画带来的成就感，以后画起来就更卖力了。

我们在评价孩子的画时可以指出优点和不足，还可以把孩子以前的画拿出来作比较，看看哪方面有了哪些进步。这样可让孩子更关注努力的乐趣，而不是仅仅关注结果，能促使孩子产生更大的积极性。比如，"这次画的圆圈比昨天画得圆多了"，或"这片叶子画得真细致，叶脉这么清晰"等。

赞美孩子的画，是一项技术活，父母一定要多多琢磨，进行极其恰当、细致、周到的评价，这样才能让孩子得到有效的反馈，使其天赋得以激发，助其才能得以发展。

不论对什么事，父母的表扬一定要适度和真诚。如果让孩子感觉到表扬就像拙劣的表演，太虚伪、太浮夸、不走心，他们可是不买账的哦，甚至还会造成孩子心理上的伤害。只有进行极其细致、周到、恰当的评价，才能增加孩子对父母的信任，也更能增加评价的效果。

父母常说这一句话，孩子想不优秀都难

每个孩子都像是一块尚未雕刻的璞玉，都有成为人才的可能。但这块玉是大放光彩还是失去光芒，完全取决于父母的教育。

张天今年读小学六年级，可他的字一直写得很潦草，笔画不清。为了帮助张天，妈妈在征询他的意见之后给他报了一个书法兴趣班。刚开始的时候，张天很有耐心，刻苦地练习。可过了不久，他的兴趣慢慢减弱，在练习方面也远不如原来专心了。

一天，妈妈见张天正在漫不经心地练习着，问："儿子，最近感觉怎么样？学书法有用吧！"

"有什么用啊？用毛笔练习真累，我是越来越没有耐心了。而且毛笔字写好了未必对钢笔字有用，我不想学了。"张天说。

妈妈听完，拿过张天的练习本一看，说："嗨，还真是不错，字明显比以前进步了嘛！你最近的作业我也看了，字迹清晰，结构合理，比以前好多了，你怎么说没用呢？"

张天听后，虽然有些怀疑，但心里却十分高兴，一下子又找到了学习的热情。

很多父母因为对孩子要求过高而难以看到孩子的细小进步，甚至当孩子没有达到自己理想的标准时就全盘抹杀孩子的进步，这其实是非常错误的做法。事实上，孩子的进步是阶段性的，家长应该充分明白并理解这一点，给孩子充足的时间，赏识孩子的每一个进步。只要孩子比原来有进步，就及时给予孩子肯定和赞扬，这对孩子来说是一种很大的鼓舞，会让他在进步的道路上不断前行。

家长不妨对孩子说："你每天都在进步。"这句话对于成长中的孩子来说，尤其对那些调皮的孩子来说，是一种积极的鞭策。要知道，孩子受到什么样的对待，就会变成什么样的人。受到的是能唤起孩子积极情绪的鞭策语言，他就能够感受到一种宽容和推助，并表现出意想不到的进步。所以，如果家长想改变孩子，就应该不断地往孩子的"大脑数据库"中输入积极的编程。

父母学会欣赏自己的孩子，及时赏识孩子的每一个进步是非常必要的，但在这个过程中，如下的一些问题也是父母应该多加注意的：

一、父母要始终保持一颗宽容的心

在日常生活中发现孩子的优点，包容孩子的缺点，当孩子在学习和生活中取得进步，哪怕是很小的进步时，父母也应该多肯定和表扬。在表扬孩子的进步时，父母也不要盲目而宽泛地赞赏。最好能根据孩子的表现，进行具体的、有针对性的表扬。

二、父母随时都要看到孩子的进步

在孩子表现不好、遭遇挫折、感到沮丧的情况下，千万不要打击孩子的信心和积极性，而应该宽容孩子的不佳表现，安慰孩子的不良情绪，这将会帮助孩子重建信心，收获勇气。

金星的成绩在班级里总是垫底，老师和同学们总是瞧不起金星，金星自己也放弃了。可是金星的妈妈却一直不放弃，坚持鼓励孩子。

　　"金星，你能做到每一次进步一个名次吗？这次是倒数第一，我只要求你下次考倒数第二就可以了。"

　　金星在妈妈的鼓励中，一点一点地进步着。等到五年级期末考试时，已进步为班级倒数第11名。可是升入六年级后的第一次考试，金星又考了倒数第一，金星非常沮丧。

　　"不要这样沮丧，你看你这次的数学成绩可是考了一个前所未有的高分哦。"妈妈对金星说，"不要放弃，下一次你可以考得更好。"

　　就这样，金星在妈妈的鼓励中重新获得了信心。等到六年级期末的时候，他的成绩已经属班级的中等水平了。

　　父母日复一日地对孩子的细微处进行鼓励，孩子也在不断地提高他们的能力。孩子发现他可以把杂乱的屋子收拾干净、他能动手做一个礼物送给别人、他能写出感人的诗篇等。所有的这些经历，都会慢慢地积累在他的心中，没有人能夺去，都可以在今后受到挫折和困惑时，带给他安慰和鼓励。我们相信，没有孩子天生是一块毫无光芒的石头，只要父母留心孩子每一次细小的进步，并用一种赏识的眼光去看待孩子，及时鼓励孩子，孩子这块玉总会有大放光彩的一天。

强化孩子的优点就是弱化其缺点

教育家在调查研究的过程中，发现了一个现象：大多数家长总是对孩子的缺点非常敏感，对孩子的教育也往往以"纠错"为主。他们急于改变孩子身上的缺点，认为只有这样，孩子才能成为一个优秀完美的人。不得不说，这种教育在一定程度上压抑了孩子的个性。

因此，教育家开始大力提倡"扬长"的教育理念，这也是新时代的需要。新时代需要自信、有个性的孩子，而这些孩子大多是在激励和赏识的教育中培养出来的。这一理念得到了高情商家长的一致认同。在他们看来，孩子身上的优点、缺点都是特点，不盯着孩子的缺点唠叨，强化孩子的优点就是弱化其缺点。

父母想要帮助孩子改正缺点，最关键的就是要学会欣赏孩子，善于发掘他身上的"闪光点"，而不是一味地埋怨和批评。寻找孩子身上的"闪光点"才能恰当地进行评价和表扬，这不仅能让孩子感受到温暖和关爱，也能让孩子受到鼓舞和启发。父母有效的鼓励和夸奖能让孩子发扬自己的长处，努力改正缺点，扬长避短，取得更大的进步。

努力发现孩子身上的闪光点不仅能帮助孩子改正缺点，对他未来人生的发展也有着很大的影响。父母要努力发现孩子身上的潜能，帮孩子把潜能开发出来，成就他更加精彩的人生。

著名的钢琴演奏家李云迪18岁就获得了肖邦钢琴大奖，他是目前获此大奖的唯一一个中国人，也是这个奖项最年轻的获得者。他谈起自己的成功时说："除了努力之外，最重要的是，妈妈在我很小的时候就发现了我身上的音乐天分。如果不是妈妈对我音乐天分的发现，我现在可能就是一个很普通的人。"

不是每个人都有着李云迪一般的音乐天赋，但我们必须承认，每个孩子身上都有"闪光点"。只是有的孩子的闪光点是天生就有的，而有的孩子的闪光点是后天培养起来的。有的人天生对语言敏感，可是有不少人刚开始并未表现出惊人的语言天赋，但是通过后天的学习同样也成就了一番事业。父母应该知道，孩子身上表现出的能力上的闪光点和道德上的闪光点，对于孩子的人生发展都有着不可忽略的作用。只要细心观察，不戴有色眼镜，不求全责备，就能找到孩子值得赞美和肯定的地方。父母需要在平时多观察孩子，帮助孩子认识到自己的长处，发挥自己的优势。

此外父母对于孩子的赏识和赞美不能仅仅停留在语言上，更要体现在行动上。要学会给孩子提供展示自我的机会，只有让孩子亲自体验了成功的乐趣，他的自信心才会得以提升，对自己优点的认识也才能更深刻具体。

每个孩子身上都有闪光点，只要父母用心发现，每一个孩子都是天空中闪亮的星星，他的人生也会因你的肯定而大放异彩。

别人夸你家孩子时，你第一句话一定不能这么说

有一次，我带着3岁的儿子小小费在楼下玩，远处走过来一个牵着宝宝的阿姨。她女儿在外地工作，孩子就只能老人照顾着。孩子叫亮亮，比小小费大1岁。亮亮的姥姥拿着画板，看起来是要带孩子上课去。

我带着小小费走上前打招呼："亮亮去哪儿呀？"

阿姨回答："带他去上美术课。"

"让小小费看看哥哥画的画，好吗？"我轻声问。

阿姨递过画板。画面上是一个红色小屋，里面手拉手站着三个人，满满的童趣。

"我猜，亮亮一定是想爸爸妈妈了，是吗？"我看着画说，"构思好巧妙，颜色也丰富，画得真好！"

当亮亮带着些许得意的小表情想要搭我的话时，阿姨连忙摆手："一般一般吧。孩子嘛，有个爱好就可以了，也没指着成画家。给他找点事情做，随便画画吧。"

姥姥说这话的时候，亮亮的大眼睛暗淡下去，不说话也不再让我欣赏他的作品，扭捏着躲到姥姥后面，也不看我们。

我连忙打圆场："画得挺好的，亮亮真棒，加油啊！"

阿姨和亮亮的身影消失在远方。我心里不时浮现出亮亮那张失望的小

脸和悄然暗淡的眼睛。得到了他人的赞美，却得不到姥姥的认可。可见，亮亮当时的内心有多受伤！

我们在生活中或许会发现这样一个现象：带着孩子上街、逛商场玩耍时，身边的人总会夸自己家孩子两句，有夸外表可爱的、有夸聪明活泼的、有夸才艺出众的、有夸懂事乖巧的等，五彩斑斓的夸奖总是能令小朋友两眼放光，却总会迎上父母的一番委婉而谦虚的客套话。

大多数家长往往认为，孩子不能多夸，要谦虚一点，要收敛一点，这样才不会骄傲。所以，面对其他人的夸赞，他们经常会给予谦虚的回答，过于否定自己的孩子。"不行、差远了、一般、勉强"等字眼，总是会成功地熄灭孩子满满的自信，在孩子渴望被赞扬的内心泼上一盆凉水。

长久下去，孩子就会信以为真，认为自己无论怎么努力都还只是"一般般""不太好""差得远"的状态，就会因此而否定他们自己，从而形成对自己的一种自卑，这种影响对孩子是一辈子的。

其实，孩子有着很强的自尊心，他们都希望获得赞扬，不希望被批评，特别是不希望在众人面前被批评。所以，对于他人的称赞，如果你认同，就可以真诚地回一句"谢谢"，适当地附和一下对方的赞赏；就算你不认同，也不要当面纠正，更不能当面说孩子的缺点。

上文中的亮亮姥姥如果回答："这段时间他画画比之前更努力了，看起来是要进步多了！"用描述进步的语言替代"中国式谦虚"，就会带给孩子足够的信心和勇气，去迎接更大的挑战。

Part 3

"适度批评孩子"的话

——有一种伤害叫作"看看别人家的孩子"

有一种伤害叫作"看看别人家的孩子"

> 隔壁邻居小明，期末又考了第一；
>
> 王大妈的孙女，钢琴她过了十级；
>
> 我爸战友的儿子，一口流利的英语；
>
> 我妈同事的女儿，有深厚的舞蹈功底；
>
> ....
>
> 地球上有一种孩子啊，
>
> 叫"别人家的孩子"！
>
> 可在我心底，
>
> 老爸老妈，我不想比！

这首曾经火遍网络的原创歌曲《我只是个孩子》，让不少人听过之后都感慨：扎心了！一句"老爸老妈，我不想比"唱出了多少孩子的心声。

小时候，爸妈口中的"别人家的孩子"是我们特别讨厌的一个人，带给我们不小的压力。如今成为父母的我们，是不是也继承了曾经厌恶至极的"光荣传统"，经常向我们的孩子发起"别人家的孩子"的攻击，耳提面命地要求孩子向"榜样"学习？是不是背弃了曾经许下"将来我的孩子，一定不让他去和别人家的孩子作比较"的誓言？

珞珞："妈妈，我这次语文考了95分！"

珞珞妈妈："很好，但是不要骄傲哦，优秀是没有止境的。你看隔壁轩轩就一直很稳定，总是98分以上。"

可能，在珞珞妈妈看来，这种"激将法""打击式教育"不仅能够激励珞珞奋勇向前，而且能够预防她骄傲自大，不思进取。实际情况呢？"别人家的孩子"在每一个孩子的心里都是魔咒一样的存在，让孩子压力重重。珞珞听到妈妈这句话时，更多的是沮丧、是气馁："我已经很努力了，还是没有轩轩成绩好，可能是我真的太笨了。"这会直接导致珞珞越来越不认可自己。

高情商的父母绝不会借"别人家的孩子"来打压自己的孩子，他们认为，孩子是需要鼓励的，他的每一个细小变化、每一点轻微进步都应予以及时肯定，因为这里面包含的是他小小的坚持和努力。"哇，真棒！我就说嘛，没有学不好语文的孩子！只要抓住基础，坚持练习阅读，一定会越来越好的。"如果珞珞妈妈这么回应珞珞，是不是更好呢？

晓岚的妈妈和佳佳的妈妈是好朋友，因为两家人住在同一个小区，所以，两个孩子从小就在一起玩耍、一起上学，形影不离，关系特别好。

可是，自从上了初中以后，两个孩子的关系就变得有些疏远了。原来，这是因为晓岚的成绩特别好，尤其是语文，她的作文分数总是全班第一，经常被老师当作范文。而佳佳的语文成绩却是班上倒数，她对写作文极其反感。

佳佳妈妈总是喜欢拿晓岚和佳佳对比："你说你，从小就和晓岚一起，你怎么就不如人家呢？和班里作文写得最好的人是朋友，自己作文却写得这么烂，你不觉得不好意思吗？"佳佳听了，心里特别不舒服："我数学成绩还比晓岚好呢，你怎么不说？"

后来，两个小朋友在一起玩的时候，佳佳变得越来越自卑、越来越敏感了，总觉得晓岚也在看她的笑话，背地里也在羞辱她。慢慢地，佳佳开始对晓岚疏远了，总是一个人闷闷不乐地上课下课，放学回家也不再找晓岚玩了。

每个孩子都有自己的优点和弱点，高情商的父母从来不会用"别人家的孩子"的强项对比自己孩子的弱项。这不仅会损害孩子的自尊心和自信心，还会对孩子之间的友谊产生不利的影响，比如例子中的佳佳，就刻意疏远了自己的好朋友。其实，佳佳妈妈可以鼓励佳佳用行动向晓岚学习，比如，邀请晓岚来家里一起写作文，跟晓岚讨论平时都看什么课外书等。

"每个自卑的孩子背后都有一个故事，几乎所有问题都来源于童年时家长对孩子的指责、评判，尤其是比较。也许你随口一句'你怎么就不如人家'发泄了自己当时的情绪，殊不知在孩子的心中烙下了深深的阴影。"儿童心理教育专家海蓝博士如是说。

父母与其浪费时间和精力罗列"别人家的孩子"的好来打击自己的孩子，不如蹲下来抱抱孩子，跟孩子好好说说话、聊聊天，找出原因，提出方法，尽最大努力去帮助孩子，共同向未来出发！

反复批评不管用？简短描述问题就好了

当孩子做错事情时，有的父母经常会一次、两次、三次，甚至四次、五次对孩子重复同样的批评，觉得批评的次数越多孩子的记忆越深刻。那么，这些父母一定没听说过"超限效应"。刺激过多、过强或作用时间过久，都会引起接受者的不耐烦或逆反心理，这就是心理学上的"超限效应"。

一次，美国著名作家马克·吐温到教堂听牧师的募捐演讲。最初，他觉得牧师讲得很好，令人感动，就准备捐出自己身上所有的钱。过了十分钟，牧师还没有讲完，他有些不耐烦了，决定只捐一些零钱。又过了十分钟，牧师还没有讲完，他决定一分钱也不捐。

牧师终于结束了冗长的演讲！开始募捐时，马克·吐温由于气愤，不仅未捐钱，相反，还从盘子里拿走了2美元。

无论是正面刺激还是负面刺激，刺激过多，神经就会麻痹，相同的刺激就不再具有效果。批评也是相同的道理。过多的批评，会使孩子从最初的内疚、不安到不耐烦，最后反感、讨厌。家长对孩子的批评不能超过限度，应对孩子"犯一次错，只批评一次"。这样，孩子才不会觉得自己被"揪住不放"，厌烦心理、逆反心理也会随之减低。

反复的批评就如同贴到墙上的"记过簿"，会把孩子的缺点固化下来，使孩子难以和那个缺点剥离开来。被批评的次数多了，孩子的自信心和自尊心就会崩塌。如果长期被负面的话语刺激，会给孩子造成自己就是坏孩子的认知误导，有可能还会把孩子逼上歧途，走向犯罪。

有一个男孩，在他15岁的时候进了少管所。人们都认为他是一个很坏的孩子，后来一个记者了解了一下他的成长经历，觉得这个孩子其实挺可怜的。

起初，这个男孩只是有些顽皮，但是常常受到爸爸的打骂，在班里也常被老师当着全班同学狠狠地批评、讽刺、嘲笑。慢慢地，他开始处处与老师对着干，不久就被校长点名批评，回家后他再次被父母打骂。在这样的恶性循环中，这个男孩最后沦为了罪犯。

"一个孩子在成长中没有遇到一点爱的温暖，却总是遭遇充满恶意的批评，试问他怎么能改掉自己的坏毛病呢？"这个记者在后来的报道中写道。

事实上，父母对孩子没有必要有错必究。孩子的年龄尚小，认知能力、思维水平、自我控制能力有限，犯一些小错误是难免的，也是情有可原的。其实，错误是否可怕，取决于我们对这个错误的认知，当你觉得这个错误可怕到无法原谅的程度，那么你的言行就会变得不可控制，就有可能会做出过度的批评，伤害到孩子。

一旦被批评，孩子就会难过，内心就会产生波动。受到重复批评时，他心里会嘀咕：怎么老这样对我？这样一来，孩子挨批评时的心情就无法复归平静，犯错违规的冲动没有化解，反而被压抑，成为一种心理症结，削弱了孩子的防御能力，反抗心理就会产生。

为避免这种超限效应的出现，建议家长对孩子的批评要适度，不要唠叨起来就没完没了。最好是用简短的语言说出麻烦所在，引导孩子去解决问题。

比利又在看电视，不去遛狗。你觉得爸爸应该怎么说更有效呢？

A："遛狗，遛狗，遛狗，我说过多少遍了！每天遛狗，你永远都记不住，是吧？当初你答应得好好的，我们有了小狗，你负责每天遛它。但这星期已经提醒你三次了。你整天都不去遛狗，我和妈妈轮流来帮你弄，都成我们的事了，你就不应该养宠物。"

B："比利，我看见小狗在挠门呢？"

我们来看第一种说话方式：长篇大论的指责、批评，和"永远都记不住"的攻击性字眼，还要连带之前没遛狗的事一起抱怨上，那么孩子必然会产生抵触情绪，而不太愿意去做自己该做的事。明天、后天、大后天，比利可能依然会忘记遛狗，爸爸依然会唠叨不断、抱怨不断，于是，亲子关系变得越来越糟糕。

相反，如果换成第二种说法，没有喋喋不休的说教，没有满是责备的唠叨，爸爸只是用人称代词"我"，说出了自己看到的事情，而并没有抨击比利，这使得比利更能把精力集中在问题本身，而会立刻起身出去遛狗。毕竟对于所有人来说，接受提示比接受谴责容易多了。

所以，父母在批评孩子时一定要记住，分寸很重要。有效的批评真的不是越多越长就越好，而是越短越容易被记住越有效。

如何有效批评？让孩子听懂很重要

　　成年人之间说话，有时候会使用一些约定俗成或特定情景下的简略的表达语句，成年人和大孩子理解起来都没有问题，可对于学龄前的小孩子来说，就比较困难了。他们只能理解字面上的意思，而理解不了你话语背后的真实含义。孩子根本没有听懂你说的话，当然谈不上是一次有效的沟通了。

　　爸爸和儿子一起走，儿子不想自己走了，伸着两只手说："爸爸抱抱，爸爸抱抱！"

　　爸爸说："你的腿呢？"

　　儿子低下头，看看自己的腿，然后又抬头伸着两只手说："爸爸抱抱，爸爸抱抱！"

　　爸爸带着不满重复："你的腿呢？"

　　儿子又困惑地低头看看自己的腿，然后伸着手，带着哭腔说："爸爸抱抱，爸爸抱抱！"

　　很显然，爸爸所说的"你的腿呢"意思是：你自己长腿了，就要自己走路呀。可是，幼小的孩子根本没有这样的理解力和领悟力，他认为爸爸就是在问"你的腿在哪里",于是他低头看看自己的腿,看到自己的腿还在,就抬头继续求抱抱。他真的明白不了,"自己的腿"和"让爸爸抱"之间有什么关系。父子俩的沟通完全就是在两个频道上。

但是,这能怪孩子吗?不能!因为过于单纯懵懂无知的孩子真是没听懂爸爸在说什么。怪就怪在爸爸的表达出现了问题,不够精准。让一个那么小的孩子去理解成人规范的语言,不太可能实现。想要孩子听话,你至少得让孩子听懂你说的话吧。

如果例子中的爸爸直截了当地对孩子说:"宝宝也有腿,可以自己走路的哦!"孩子肯定能理解爸爸的意思。所以,父母和孩子讲话,注意要从"我告诉了孩子什么"转移到"孩子接收到了什么",多关注自己的措辞和用语。

我们对孩子做出批评,首先要保证孩子能够听懂我们的批评,如果孩子对于父母的批评懵懵懂懂,那么无疑我们的批评就是无效的,说再多都只是在做无用功。

有一位妈妈,为3岁女儿早晨起床磨蹭不胜烦恼,每天上幼儿园都迟到。她每次晚了都问女儿:"以后还磨磨蹭蹭的吗?"女儿都会承诺:"以后再也不磨磨蹭蹭的了!"可是,第二天照旧磨蹭,还是要迟到!

其实,3岁多的孩子,她承诺"不磨磨蹭蹭"的时候,只是为了让妈妈高兴,因为她知道妈妈需要她这样的表态。对于小孩来说,"不磨磨蹭蹭"是一个非常笼统的概念,她的头脑中,恐怕并不明确自己的承诺意味着一些什么样的行为。

如果,妈妈对孩子的要求是"闹钟一响就要穿衣服",或者"早晨不能在家里玩玩具要直接出门"等这样一些非常具体的行为，孩子就会明确得多，也知道自己到底该如何做。

其实，很多父母都没有意识到孩子根本听不懂你在说什么，或者说他对父母话语中的一些词汇完全没有概念。例子中的"磨磨蹭蹭"就是这种情况。再比如，孩子想让妈妈泡牛奶，而妈妈正在洗脸，第一反应会是："等一会儿，妈妈洗完脸就来。"可是，孩子很难理解"一会儿"是多久，所以他还是会一直叨咕着"我要喝牛奶"。如果父母换一种相对准确的表达方式："宝宝数到二十，妈妈就来了。"那么孩子就可以很容易理解过多长时间妈妈会来，就不会不停地念叨了。

所以，父母平时对孩子说话，批评也好，鼓励也罢，又或者是普通的聊天，一定要考虑到孩子的年龄和理解力，语言越精准越好，这不仅能确保孩子能明白你所表达的意思，提升亲子沟通的有效性，而且，对于孩子的语言能力和思维能力也是一种很好的培养。

别用嘴说，用纸"说"

在批评孩子这件事情上，父母不能任性，想怎么骂就怎么骂，掌握技巧、选好方式才是成功教育的第一步！

儿子已经上小学了。老师打电话给妈妈，说儿子最近总是迟到。妈妈没有责怪儿子，只是温柔地问他迟到的原因。儿子说他发现在河边看日出太美了，看着看着就忘了时间。

第二天，妈妈一早就跟儿子去河边看了日出。她说："真是太美了，儿子，你真棒！"这一天，儿子没有迟到。晚上，妈妈在儿子的书桌上放了一只好看的小手表。下面压着一张纸条："因为日出太美了，所以我们更要珍惜时间和学习的机会，你说是吗？爱你的妈妈"

有些父母的性格比较暴躁，就像爆竹，一点就着。看到孩子做错事情，这类父母就会控制不住自己，一说话就情绪激动，批评伤人的话根本停不下来。等火气消下去了，又后悔当时不应该对孩子那么咄咄逼人。这种情况下，不妨换一种沟通方式，那就是别说话，给孩子来一个"纸上谈兵"——写便条。

亲子沟通专家阿黛尔·法伯在其著作中曾提到这样一位妈妈：她的橱

柜上一直放着一沓便笺和一支铅笔，因为，相比于张嘴三遍五遍地喊孩子做事来说，拿起笔来写一些便条省力有效多了。写便条的好处之一就是，不需要再大声嚷嚷了，父母与孩子之间少了硝烟弥漫和剑拔弩张。

下面是那位妈妈写的一些便条：

亲爱的比利：

从今天早上起，我就一直没有出去过。让我放松一下。

你的小狗：哈里

请注意：

今晚讲故事时间：8点30，欢迎穿睡衣、刷过牙（划重点：刷——过——牙）的小孩参加。

爱你们的爸爸、妈妈

有的父母可能会说"我家孩子太小，还不认识字呢"，其实，不必有这样的担心。不管孩子认不认识字，都按捺不住他们收到小便条的兴奋。因为他们会感受到父母的重视，会觉得便条上的文字神圣而有趣。相信有很多父母小的时候，也有在课堂上传小纸条的经历，都能体会收到纸条时小心翼翼和窃喜雀跃的心情。

现在很多孩子总是不整理自己的房间，这让家长很是头疼。经常是家长嘴皮子都快磨破了，孩子还是一动未动。"你的房间这么乱，你快点收拾！你不收拾我们就不出去玩了！"家长发出的类似的包含了命令、否定词汇的语句，极易引起孩子的反感，尤其是刚才这种说法，若孩子习惯了"你不××我就不××"的负面语言模式，不仅不利于积极情绪养成，孩子也会学会这种句式，与父母讨价还价。

对于这种情况，我们可以参照上面那位妈妈的做法，请"便条"做个使者帮个忙！

　　亲爱的一一：

　　　你的房间该归整了。需要收拾的地方如下：

　　　1.床上未叠的被子；

　　　2.地板上的脏衣服；

　　　3.电脑桌上的饼干屑；

　　　4.窗台上干枯的花。

　　　多谢！

　　　　　　　　　　　　　　　　　　爱你的妈妈

也许有的家长会说，难道这样做了，孩子就会完全配合吗？亲爱的家长，孩子不是机器人，你不能指望用一种方法或者说一套技能去完美解决千万不同家庭里不同孩子的不同问题。我们的目的是，找到一种语言、一种方法，建立一种情感的氛围，在相互尊重的平台上，在不伤害孩子自尊的前提下，鼓励孩子与我们合作。

高阶版"写便条"，大写加粗的服气

前段时间在网上看到一位机智妈妈暑假给儿子留的便条，强悍到什么程度，我们一起来感受一下吧：

房间里，键盘噼里啪啦响着，孩子完全沉浸在电脑游戏中。突然，屏幕一黑，电脑被锁定了，孩子赶紧起身去客厅检查路由器。指示灯闪着，一切都很正常。孩子急得抓耳挠腮，这时，他看到路由器边上贴着一张纸条，嗯，是妈妈写的。

亲爱的儿子：

如果你看到了这张便条，一定是你的电脑出了问题，上不了网了。你不用给网络供应商打电话，也不用反复查看浏览器，没用！只要按照我说的去做就行了：你先去街角那家药店给爷爷买一趟药，药方就放在玄关柜的镜子下面。

看完纸条，孩子觉得这是精通电脑的妈妈给自己出的一个恶作剧。在游戏的诱惑下，儿子准备照着妈妈的指示去做。

药很快买回来了。孩子把药递给70多岁双腿瘫痪多年的爷爷。看到孙子过来，老人家高兴坏了，拉着孙子说个不停。确实，放假一个多月了，自己天天打游戏，都没跟爷爷说上几句话。想到这些，孩子鼻子有点发酸，马上找个理由离开了。把药方放回抽屉后，孩子又看到了妈妈的第二张纸条：

> 药买回来了吧？是不是觉得很累？但别忘记，你小时候，爸妈不在家，你发烧了是爷爷深夜跛着脚背你去医院看病。第二个任务，去楼下超市帮奶奶买菜，两斤土豆、半斤洋葱和一棵白菜。记得，所有的收据都要收好。

提着沉甸甸的菜回到家，满头大汗的孩子看到奶奶正佝偻着身躯在厨房忙东忙西。那一刻，孩子发现奶奶比以前苍老了好多。孩子给奶奶擦了擦汗，奶奶笑了。转身的时候，孩子在厨房的收纳柜里发现了妈妈的第三张字条：

> 孩子，你知道奶奶每天多辛苦了吧？我看你暑假作业还没做多少，作业是不多，但这绝不是你一直拖到假期快结束再匆忙做的理由。打开数学习题第116页、第118页和第121页，今天做下这三道题吧。

孩子很听话地从书包里拿出暑假作业。一个多月没碰书本了，孩子看着那些作业就像从没见过一样。做完作业后，孩子发现了妈妈的第四张纸条：

> 作业是不是看起来有点生疏了？如果你能意识到这一点，妈妈就放心了。最后一件事，收拾一下自己的房间。你把所有的东西都放回原位后，数一下搁架上有多少张光盘，玩具箱里有多少件玩具。

所有事情都处理完后，你重启下电脑，界面会弹出一个窗口，需要你输入密码，依次输入你所做的三道数学题的答案、药店小票和超市小票上的金额，以及你房间中各种玩具和光盘的总数就可以了。我相信你一定能顺利上网。

孩子看着自己的房间，玩具满地乱扔，动画片光盘七零八落，真像狗窝一样。收拾完之后，孩子真切地体会到了妈妈每天帮自己收拾屋子的辛苦。再打开电脑，果然有一个密码输入框，孩子慢慢输入……屏幕一闪，电脑解锁了。

看着熟悉的游戏，孩子犹豫了一下，把游戏关了，转身走进厨房去帮奶奶择菜了。

看完这位妈妈为儿子留的便条，相信你和我一样，会情不自禁地手动为这位充满智慧的高情商妈妈点赞！妈妈没有歇斯底里的吼叫，孩子也没有被迫做事的不愉快感，双方在纸上完成了一次完美的沟通。

正所谓"爱不需要理由，但是爱需要技巧"。在对待孩子的教育方面，我们确实应该向这位妈妈学习，慢慢地走进孩子的心里，了解孩子的想法，用引导的心态和方法去做。我们改变一点点，孩子就可以前进一大步。

"育子七不责"，对众不责排首位

在家庭教育中，父母批评犯错的孩子，这无可厚非，重点是你选择在什么样的环境下批评孩子。如果是公共场合，建议还是收手为好，给孩子的自信自尊留条活路，行吗？

有不少家长可能都在大街上看到过这样的场景：一个在前面"暴走"的家长和一个在后面哭闹的孩子，家长不停地训斥，孩子不停地哭。这种"当面教导孩子"的情景总是出其不意地出现在人们的视野中，任谁看了都觉得心里不舒服。不过，最不舒服的恐怕就要数孩子了。

在美国，家长从不会在外人面前训斥孩子不争气。他们认为这样是一种犯罪，因为对孩子的当众指责会极大地伤害孩子的自尊心。他们信奉英国教育家洛克的一句名言："父母不宣扬子女的过错，则子女对自己的名誉就越看重。孩子觉得自己是有名誉的人，因而会更小心地维护别人对自己的好评；若是当众宣布孩子的过失，使其无地自容，他们越会觉得自己的名誉已经受到了侵犯，设法维护别人对自己好评的心思也就越淡薄。"

确实，在公共场合教育孩子真不是一件妥当的事情。不但亲子之间的矛盾公开会招来周围人的侧目、围观，让孩子感觉很没面子，还可能会让孩子对父母心怀不满甚至心生怨恨，严重影响父母与孩子之间的感情。

我们都希望得到别人的认可，没有人愿意别人看见自己的不足和缺点，这是人的本性，孩子也一样。对于那些自尊心极强的孩子来说，父母当众训斥自己，简直是一种莫大的侮辱，令他们难以接受，甚至可能会引发一些悲剧。

刘洋今年12岁，性格内向，不太爱说话，平时很少和同学交流，学习成绩在班里属于中等水平。

有一次，刘洋妈妈来学校开家长会，老师跟妈妈说，刘洋的成绩最近有些退步。老师的话还没说完，妈妈就大声呵斥起了刘洋："怎么成绩又退步了，不是回到家一直在看书吗？你怎么就这么笨呢？"同学们迅速围到了老师的办公室前，窃窃私语。刘洋拉了一下妈妈的衣服。

"怎么，还怕别人笑话呀，怕人说你就好好学习呀！"妈妈还是一个劲地说着。刘洋没等妈妈说完，自己跑出去了。

从那以后，刘洋变得更加内向了，总觉得同学们在背地里讨论他，觉得同学们都瞧不起他，学习成绩也一落千丈。最为可怕的是，刘洋心里开始对妈妈充满怨恨。

家长总觉得在众人面前训斥一下孩子，不是什么大不了的事情。但是，对孩子来说，这却是天大的事情。他们在很长一段时间内都会处于担心和害怕的状态中，害怕同学们从此用一种异样的眼光看自己，担心自己在同学面前抬不起头，等等。时间久了，孩子就容易变得敏感多疑。

有些家长因为孩子在公共场合哭闹、提要求，觉得很没面子，一时急躁就训斥了孩子。可是这样做基本上毫无效果可言，不仅没有维护好家长的面子，还会和孩子之间形成距离和怨恨。这种批评方式不是缺乏爱，而是缺乏尊重；不是缺乏才智，而是缺乏情商。

批评不仅仅是一种手段，更应该是一门艺术，一种智慧。为人父母，针对孩子的过失进行教育时，可参照明代思想家吕坤的"育子七不责"。这些老祖宗流传下来的经验与智慧，有很多值得我们借鉴的地方。

1.对众不责：在大庭广众之下不要责备孩子，要在众人面前给孩子以尊严。

2.愧悔不责：如果孩子已经为自己的过失感到惭愧后悔了，大人就不要责备孩子了。

3.暮夜不责：晚上睡觉前不要责备孩子，此时责备他，孩子带着沮丧失落的情绪上床，要么夜不成寐，要么噩梦连连。

4.饮食不责：正吃饭的时候不要责备孩子，这个时候责备孩子，很容易导致孩子脾胃虚弱。

5.欢庆不责：孩子特别高兴的时候不要责备他。人高兴时，经脉处于畅通的状态，如果孩子忽然被责备，经脉就会立马憋住，对孩子的身体伤害很大。

6.悲忧不责：孩子哭的时候不要责备他。

7.疾病不责：孩子生病的时候不要责备他。生病是人最脆弱的时候，孩子更需要父母的关爱和温暖，这比任何药物都有疗效。

最受欢迎的批评方式

1999年10月，各国教师和学生在日本东京举办了一场联欢活动，二十个国家和地区的二百零八位教师和二百零二名学生参加了这个活动。联欢活动中的一项活动要求参与者评选出自己最受欢迎的教育方式。主持人设计了一个问题，要求所有教师都做出简单回答。

这个问题是：18岁的大杰克和小杰克是一对双胞胎，由于他们家离学校比较远，于是父母给他们配了一辆小型汽车作为交通工具，让他们开车上学、回家。而兄弟俩由于晚上贪玩，睡觉太晚，第二天醒不来，经常迟到，虽经多次批评，还是我行我素。有一天上午考试，尽管老师事先警告他们不许迟到，但因在路上玩耍，他们还是迟到了三十分钟。老师查问原因，他们谎称汽车在路上爆胎，到维修店补胎误了时间。老师半信半疑，但没有发作，让他们进教室后就悄悄到车库检查他们的汽车，发现四个轮胎都蒙着厚厚的灰尘，没有被拆卸的痕迹。很明显，补胎是他们编出来的谎话。

问：假设你是杰克兄弟俩的老师，你将怎么处理？

二百零八位教师认真思考，积极作答，都在规定的半小时内交上了答卷。主持人经过认真分析整理，从二百零八份答卷中归纳出二十五种处理方式。其中主要的方式如下：

中国式：一是当面进行严肃批评，责令写出检讨；二是取消他们参加当年各种先进评比的资格；三是报告家长。

日本式：把兄弟俩分开询问，对坦白者给予赞扬奖励，对坚持谎言者严厉处罚。

韩国式：把真相告诉家长和全体学生，请家长对孩子严加监督，让全班学生讨论，引以为戒。

新加坡式：让他们自己打自己的嘴巴十下。

美国式：对兄弟俩说："假设今天上午不是考试而是吃冰淇淋和热狗，你们的车就不会在路上爆胎吧。"

英国式：小事一件，置之不理。

俄罗斯式：给兄弟俩讲一个关于说谎有害的故事，然后再问他们："近来有没有说过谎？"

埃及式：让他们向真主写信，向真主叙述事情的真相。

巴西式：半年内不准他们在学校踢足球。

以色列式：提出三个问题，让兄弟俩分别在两个地方同时作答。这三个问题是：a.你们的汽车爆的是哪个胎？b.你们在哪个维修店补胎？c.你们付了多少钱的补胎费？

之后，活动主持者把二十五种处理方式翻译成几种语言文字，分送给参加活动的二百零二名学生，请学生们评选出自己最喜欢的处理方式。结果，91%的学生选择了以色列的处理方式。

绝大部分学生喜欢的方式，就是批评教育的最好方式！以色列的方式为什么受欢迎？因为它的批评教育带有游戏性质，学生不怕、不难堪。可见，最受学生欢迎的教育，应该是在游戏之中的教育。

这个例子告诉我们，家长批评孩子的方式很重要。将直接的言语批评变为游戏性、故事性的引导，孩子就比较容易接受并会认真改正。比如，利用角色扮演的游戏，让不爱分享的孩子扮演厨师给大家分享好吃的；给爱撒谎的孩子讲"狼来了"的故事，让他认识到说谎的重要性……

除了这种方法之外，家长也不妨试试另一种既能帮助孩子改正错误，又不挫伤孩子自尊心的批评方式——用表扬的方式来表达你的批评。

前几天，6岁的女儿笑笑在洗漱的时候一边刷牙一边看书，我批评她要专心刷牙，结果被她顶了回来："爸爸，你不是也在洗脚的时候看书吗？"我愣了愣，当时特别生气真想上去把书夺过来，笑笑看到我真生气了，很不情愿地放下书去刷牙了。

过后我反思了一下自己，这是唯一的办法吗？这是我要得到的结果吗？肯定不是！我要找到其他办法。批评不行，那表扬呢？我决定下次试试。

过了几天，笑笑又故伎重演。我很平静地对她说："笑笑真努力，在刷牙的时候也不忘读书。如果你能先把牙刷好，然后一心一意地读书的话，效果会更好哦。"笑笑听到后，先是有些不好意思，接着放下书专心刷牙去了。过后，笑笑还悄悄地跟我说："爸爸，以后我一定不一边刷牙一边看书了。"

小孩子都喜欢被表扬，一得到表扬就美滋滋的，因此，帮助孩子纠正缺点的最好方法就是在表扬的基础上批评，趁着孩子高兴的时候，指出孩子的不足，让孩子在正确与错误的对比中，自觉地感到不好意思。于是，他们就会欣然地改正错误了。

要想使批评达到好的效果，父母一定要学会理解孩子、容忍孩子的错误，不要直接批评孩子，而是要慢慢引导他们，说出麻烦所在，并提出可能的解决方法。只要运用有效的批评方式，你就会收到意想不到的效果。

给批评加点"调料"

苏联教育家米哈依尔·斯维特洛夫教子的故事一直在教育界广为流传。

某一天，斯维特洛夫回到家，发现儿子坐在沙发上得意地吐着黑黑的舌头，而家里人则慌作一团，他们一人拿一部电话，都在向医院请求急救。原来是小儿子舒拉别出心裁地喝了半瓶墨水！

看到父亲回来，儿子舒拉还冲父亲做了个鬼脸。斯维特洛夫明白：舒拉一定是想以此成为全家关注的中心。喝下的那种墨水不至于让孩子中毒，所以用不着惊慌。而现在正是教育舒拉的好时机！

于是，他问舒拉："你真的喝了墨水？"

舒拉没回答，他仍旧得意地坐在那里继续伸出黑黑的舌头。

父亲一点也不恼火，而是从屋里拿出一沓吸墨纸，对小儿子说："我也没什么好办法，只能请你把这些吸墨纸吞下去，让它们把墨水吸出来！"舒拉看父亲似乎识破了自己的阴谋，便红着脸，承认了自己的错误。

一场虚惊就这样被教育家一句幽默的话冲淡了，"危机"在家人的嬉笑声中结束。此后，舒拉再没犯过类似出风头的错误。

孩子，尤其是男孩子，有时会故意打破常规做出异常的举动。通常，他们是想证明自己勇敢，并希望以此引起别人的注意。

此时，如果父母采用"硬碰硬"的简单方式，孩子很可能会变得更加蛮不讲理。遇到这种情况，做父母的最好借助幽默，用轻松的口吻指出他不通情理之处，使他明白自己的错误所在，从而达到教育孩子的目的。

女儿在写作文时总是会出现好多错别字，我给她指出来，她还一副不以为然的样子。我就给她讲了一个小笑话："有个人很爱写错别字，常把'歇'写成'喝'。他在一篇日记里这样写道：班长指挥我们抬大粪，大伙干得很起劲，谁都不敢喝一喝。后来我们实在有些累，就背着班长偷偷喝了喝……"

女儿听完，哈哈大笑的同时，也马上明白她就像故事中的那个错别字大王一样，她下决心，一定要把写错别字这个坏习惯改过来。

孩子的想法可能会跟父母不一样。很多时候孩子在学校或伙伴那儿出了洋相，对成年人来说，可能一笑置之；可对孩子来说，那是世界末日：他的脸丢大了，也许他整天都在考虑该转学了。

这时候，父母在安慰时加入幽默或自嘲的"调料"，跟孩子回忆自己童年时代出丑的事，告诉他们当时自己的心情和别人的评论，让孩子意识到：类似的事情也曾让身为父母的我们觉得痛不欲生，犹如世界末日，可是，现在我们还不是过得好好的？父母的自嘲和幽默既能让孩子放松了心情，也会让孩子对未来抱有信心。

父母在培养孩子的过程中适当运用幽默感，不仅可以缓解父母和子女之间发生冲突时的紧张气氛，还可以将幽默感渐渐传染给孩子，让孩子学会幽默轻松地面对人生。

Part 4

"有效惩罚孩子"的话

——让孩子失去犯错的勇气，是最失败的教育

美国家长管教法：不发脾气的"Time-Out"

　　梅丽莎家里有两个孩子，4岁的姐姐和1岁的妹妹。姐姐汉娜常常会大发脾气乱扔东西，或者在争抢玩具时咬人。有一次汉娜故意把妹妹推倒了，还狠狠地在妹妹的手臂上咬了一口，妹妹痛得哇哇大哭。

　　这时候，梅丽莎闻讯从厨房出来，看到汉娜咬了妹妹，二话没说把她抱起来，放到卫生间，说："你需要冷静一下！"然后梅丽莎拿出一个计时器，调到四分钟，放在卫生间门边，接着转身回厨房继续忙碌。

　　汉娜坐在卫生间的小椅子上，低声抽泣着。四分钟后，计时器响了，汉娜也不再哭了。这时候梅丽莎走过来，问："你知不知道自己做错了什么？"汉娜点点头说："我不应该咬妹妹。""很高兴你认识到了自己的错误。"梅丽莎抱起汉娜和她认真地聊了聊，并亲吻她。汉娜从卫生间出来，不仅欢天喜地地跟妹妹玩起来，还有意识地保护起妹妹来。

　　梅丽莎在汉娜咬哭妹妹之后，没有对汉娜发火，仅仅只是一句"你需要冷静一下"，事情就得到了完美的解决。梅丽莎采用的方法就是"计时隔离"（Time-Out），和中国古代的"面壁思过"（或者说"关禁闭"）非常类似，就是将出现问题行为的孩子暂时关闭在一个安静的地方待几分钟。

为什么"Time-Out"能起到教育的作用呢？美国著名教育学家简·尼尔森在他那本畅销了四百多万册的《正面管教》一书中写道：

计时隔离，是一种能够快速帮助孩子（和父母）平静下来，并一起解决问题的极其有效的方式。因为，现实中当我们心烦气躁时，我们就无法运用自己大脑中负责理性和平静的那一部分，所以，一种积极的——非惩罚性的——"暂停和隔离"可以对每个人都有帮助。

当孩子犯错，如果用肢体暴力或者冷暴力去惩罚孩子时，"惩罚"会使孩子为他做过的事情遭受精神和身体上的双重痛苦。而且，实际上也并不会鼓励他有好的情绪为他将来的行为做出好的决定。但如果用"Time-Out"，让孩子和你冷静下来，在冷静中接通大脑里的理性部分，这样的方式就是积极的。因为，当孩子感觉到鼓励和爱时，他就会学着自我控制，基于责任感做出积极的决定。

"计时隔离"是美国父母常用的一种惩罚方式，它会使孩子暂时不再得到他人的注意，更无法得到想要的东西。因为没有暴力，并且实用有效易操作而备受推崇。当然，要取得好的教育效果，父母还必须注意以下几个问题：

一、"计时隔离"适用于3—12岁儿童的不良行为矫正

3岁前的孩子由于心智尚未成熟，理解能力有限，这种方法容易使小宝宝造成误导，以为父母不爱自己了，给孩子造成心灵创伤；12岁后的孩子进入叛逆期，有很强的自主意识，需要理解、民主和尊重，这种方法会伤害孩子的自尊，引致孩子的反感和强烈抵触。

"计时隔离"主要适用于孩子出现破坏性的问题行为，比如发脾气、摔东西、打架、骂人、抢东西等。对于一些轻微的问题行为，比如没有收拾玩具，没有按时写完作业等，则不适宜采用这种方法。

二、隔离时间并不是越长越好

"计时隔离"的时间应依据孩子的年龄不同而采取不同的时间。通常，3岁以上的宝宝，以三分钟左右为宜，每大1岁增加一分钟，上限是十分钟。最好用计时器，把它放在孩子可以看到或听到但拿不到的地方。时间一到，即使孩子不认错，也应该结束，再想其他教育方法。

三、隔离地点的选择大有学问

选择隔离的地方要既安全又无聊，比如卫生间。传统意义上的"小黑屋"绝对不可以，因为会使孩子产生恐惧心理，不利于他们冷静下来。一般情况下，安静枯燥的角落比较适合，只放一张孩子可以坐的小凳子，其他什么都没有。

四、"计时隔离"期间父母的心态语气要平和

让孩子"计时隔离"期间，父母不要带任何的负面情绪，不能责骂殴打，更不能大叫大嚷，否则孩子会错认为大吼大叫才是父母采取的主要惩罚手段。父母可以用简单的语言平静地告诉孩子要被隔离，比如，"你刚才动手打了奶奶，现在到隔离间去，三分钟后再出来"。但一定不要否定孩子，给孩子贴上"坏孩子"的标签，"你对奶奶大吼大叫，你真是个不礼貌的孩子"。这种糟糕的说法不仅会让"计时隔离"失去教育效果，还会导致孩子产生自卑感。

隔离结束，孩子冷静下来之后，父母需要蹲下来跟其讲道理，让孩子知道自己的错误，并且说出正确的解决方法。父母和孩子的情绪都稳定之后，沟通起来就容易多了。如果孩子能主动认错，父母也别忘给予一定的口头表扬，或者一个拥抱，并告诉孩子"我依然爱你"。让孩子真实地感受到，虽然父母对自己刚才的行为不满意，但是父母对我的爱，永远没有因此而改变。

惩罚的语言中，请去除"你"字

一个5岁的小男孩想喝牛奶，但他的母亲在卫生间洗衣服，于是他决定自己去厨房的冰箱里拿。冰箱太高了，小男孩根本够不着，他搬来一把椅子，踩在上面，左手扶墙，伸出右手去拿大瓶子的牛奶，却没有拿稳，手一松，整瓶牛奶都打翻在地上。牛奶淌了一地，几乎整个厨房的地面上都是。他的母亲闻声而来。

然而，他的母亲并没有发火，没有说教，更没有惩罚他。她说："好漂亮的牛奶海洋啊！我从来都没有见过，真有意思啊！"小男孩悬着的一颗心终于落地了。

"反正已经洒在地上了，在我们收拾干净之前，你想玩一会儿吗？我想！玩牛奶说不定也是很有意思的。"小男孩兴致勃勃地玩起了牛奶。

几分钟过后，他的母亲说："牛奶洒了，需要收拾干净。现在，我这儿有海绵、抹布和拖把，你想用什么？"这个小男孩选择了海绵。他们一起将地上的牛奶收拾得干干净净。

接着，他的母亲又说："刚才你拿牛奶瓶没拿住，这说明你还没有学会如何用一双小手拿一只大奶瓶。现在，我们到院子里去，在一个瓶子里装满水，看看你能不能发现一个很好的搬运方法，使瓶子不会掉落到地上。"

这个小男孩通过反复实践，知道要用双手握住靠瓶口的地方，这样瓶子在搬运过程中就不会掉下来。

这是多么生动而又内容丰富的一课啊！

这是科学家斯蒂芬·格伦小时候的故事，他在医学领域的多个方面都有很大的突破。这位著名的科学家后来回忆说，正是从那个时候起，他明白了无须害怕犯错误。犯错，只是说明你还有需要改进的地方，错误往往是学习新知识的开始。

孩子犯错是常事，家长如何对待特别重要。这个时候，孩子已经处于情感受挫的状态，如果家长再施以情绪化的处理方式，火冒三丈，厉声指责，就会让孩子失去犯错的勇气，同时失去成长的机会。

庆幸的是，例子中斯蒂芬·格伦的母亲并没有这么做，她先是站在格伦的角度去体谅他，给予他情感上的支持，"好漂亮的牛奶海洋啊！""在我们收拾干净之前，你想玩一会儿吗？"让他"爬出"这份受挫情感。等到格伦的情感平复了，母亲才平静地描述出问题，陪他一起收拾，教会他要勇于承担自己的责任，学会担当。最后母亲又教他怎么做就不会再次出错，从而吸取教训，下次规避。

这样一来，孩子以后做事就不会畏首畏尾，害怕出错，会充满信心和勇气去不断尝试。尽管有时还是会出错，但他都学习用"心平气和"的心来看待，并勇敢地"自我承担"所做的一切。

当孩子犯错后，如果父母不是单纯地指责和埋怨孩子"做了什么"，而是使用描述性的语言，描述自己所看到的问题，就可以让孩子把注意力集中在"该做什么"上。

需要强调一点的是，父母在使用描述性的语言时，也要注意措辞上的小细节。如果上面例子中把妈妈的话"牛奶洒了，需要收拾干净"换成"你把牛奶洒了，需要收拾干净"，仔细感受会发现，加上"你"字之后，会让孩子觉得被埋怨，容易诱导出他的抵触情绪。

　　人非圣贤，孰能无过。人都是在错误中、挫折中、失败中坚强和成长起来的，所以家长千万不要因为自己处理不当而让孩子在拥有最多可能性的年纪，因不敢犯错而原地踏步，最终在平淡与平庸中度过一生。

　　我们可能不是天才，但可能是天才的父母。"让孩子失去犯错的勇气，是最失败的教育。"忘了在哪里看到的这句话，感觉真的很有道理，送给每一位父母。

给责备加层"糖"，"但是"来帮忙

刚吃完饭，爸妈都在电视机前看电视，8岁的阿雅拿着小凳子，走进厨房。她把凳子放在地上，自己站在凳子上开始洗碗。可是，刚拿起第一个碗准备洗，阿雅由于没有站好，就从凳子上摔了下来，碗也摔碎了。妈妈闻声赶来，看到碎了的碗划破了阿雅的手。

"不是说了，让你不要去洗碗吗？你怎么还去洗呢？看吧，这下划破手指了吧！"妈妈因为心疼阿雅，略带生气地责备起了她。结果阿雅听到妈妈的责备后哭了起来。妈妈也开始意识到自己可能说错话了。"阿雅不哭了，妈妈很高兴你能帮忙，但是你也得注意安全，对不对？"阿雅哭着点了点头。

有人说，孩子是天生的创造者，也是天生的破坏者。这话一点儿也不假。很多时候，孩子总是急切地想去做好一件事情。可是，孩子的能力毕竟是有限的，因此，经常是好心办了坏事情。这时候，父母该怎么办呢？

父母都是爱孩子的，这点毋庸置疑。父母责备孩子也是出于对孩子的爱，可是孩子对于爱的接受却是选择性的。那么，怎么样才能让孩子在好心办了坏事情接受批评的时候，也感受到来自父母的爱呢？很明显，阿雅妈妈第二次的话就做到了这点：先肯定孩子的好意，再用"但是"作为转折，说出自己的担心和叮嘱。

父母在责备孩子的时候，真的不必非要吹胡子、瞪眼睛，不发脾气、不动肝火，给责备裹上一层"糖"，让孩子先尝到甜头，然后再指出孩子的错误，这样孩子更容易接受，亲子关系也更和谐。

大多数孩子努力去表现都是为了能得到父母的夸奖。虽然，有时候的努力并没有得到相应的结果，甚至还带来了意想不到的坏结果，但孩子的出发点还是好的。如果父母只是一味地责备孩子，就会让孩子觉得很委屈，觉得父母是不爱自己的。相反，如果在责备孩子的同时，能看到孩子是出于好心，表扬一下孩子的好心，孩子就会很高兴，而且下次再去做同样事情的时候，一定会小心翼翼不再犯错误。

有一天，我下班回到家，桐桐就乖乖地给我准备好了拖鞋，还将我的文件包接过去，给我放好。我不知道这小丫头脑子里在搞什么鬼，露出了微笑。

见我露出笑容，桐桐才小声地对我说："爸爸，咱家的小鱼好像撑着了，肚子都胀了。"说完，就低下了头。

我去鱼缸那边看，发现里面的金鱼都翻肚皮了，鱼缸里的水变得又白又稠，鱼缸旁边还有几个牛奶盒子。我知道是怎么回事了，桐桐肯定是将牛奶倒进鱼缸，导致这些鱼全部"遇难"。

说实话，当时我很生气，笑容也被我收起来了，吓得桐桐直往沙发角落里躲。

这时候妻子正好回来，桐桐跑到妻子怀里，说："妈妈，你不是说牛奶有营养，我喝了可以长高吗？我就是想让小鱼长得快些。"

我这才知道桐桐是这样想的，立即就原谅了她。但是，我必须让她知道她的行为是错误的。我对桐桐说："桐桐，你真有想象力，为了让金鱼长得快，你都舍得将自己喜欢喝的牛奶给金鱼喝。爸爸要表扬你。但是，你之前都不知道金鱼是不是爱喝牛奶，就自作主张给金鱼喂牛奶。看，这些金鱼都死了，多可惜，你说呢？"

桐桐对我说："爸爸，我错了。"我摸了摸桐桐的头，给桐桐讲了为什么金鱼不能喝牛奶。

在孩子成长的过程中，他们幼小的心灵对每件事都充满了好奇，想要尝试，想承担一点责任，想帮你分担家务，也难免会出现好心办坏事的情况。如果父母的教育方式不得当，只是一味地责备，就会打击到孩子积极探索的兴趣，慢慢地就变得不敢去尝试了。

不可否认，此时的你心里肯定是有些怒气的，但你一定要将心里即刻想到的恶狠狠的话吞进肚里，先对孩子的行为加以肯定，再给责备裹上一层薄薄的"糖衣"，恰如其分地指出坏事的后果，最后教他怎样好心办好事，孩子就不会重蹈覆辙了。

最后你会发现，孩子依然是一个充满爱心、懂得孝顺、爱劳动、爱探索的好孩子，可能还会因此变得越来越符合你的心意了，变得越来越优秀了。

出了问题：要回应，而不是反应

在许多家庭中，妈妈和孩子之间的激烈争吵有一个有迹可循的规律，那就是孩子做错了什么事或者说错了什么话，妈妈对此有生气的反应，孩子则用更糟糕的行为来回答，妈妈再反击，高声恐吓，或者干脆粗暴地处罚。可惜，这样的方式解决不了问题。

当孩子出现问题时，父母正确的做法是，不扩大不夸张不挖苦，提供有效回应，而不是情绪反应。

10岁的雷特早上跟妈妈保证了要清洗家里的汽车，但是他忘记了，中午快吃饭的时候才想起来。于是，他匆忙跑到楼下，胡乱地洗了几下。

妈妈看到未洗干净的车，温和地对儿子说："儿子，这车还需要再洗洗，特别是车顶。你什么时候能做？"

雷特说："我可以吃完午饭后洗。"

妈妈微笑着点点头："谢谢你。"

雷特的妈妈并没有批评雷特，只是描述了一下她看到的问题，语气没有丝毫的生气和贬低。雷特听后就不会产生反感，反而会心怀歉意地用行动去弥补自己之前的过失。想象一下，如果雷特的妈妈批评了他，试图教育他，雷特的反应会有什么不同呢？

妈妈问："你洗了车吗？"

雷特说："洗了。"

妈妈开始不高兴了："你确定？"

雷特答："我确定。"

妈妈生气了："你居然说你洗完了？你就是敷衍了事，你从来都这样。你只想玩，你觉得你能这样过一辈子吗？你要是工作了，还是像这样糊弄，连一天都干不了。你真是一个不负责任的人！"

这样的训斥，不仅会伤害雷特的自尊心，招致他的反感，而且也不利于他的身心发展。

从一些小意外里，孩子可以学到很多宝贵的教训。孩子需要从妈妈那里学会分辨，什么是仅仅让人不愉快的事情，什么是悲剧和灾难。许多妈妈对一个鸡蛋被打碎的反应就像一条腿被打断了似的，对窗户被打碎的反应就像心被敲碎了一样。对于一些小事，妈妈应该这样跟孩子指出来："你又把手套弄丢了，这种丢三落四的习惯很不好。不过，这并不是什么大灾难，只是一个小意外。"

丢失了一只手套不需要发脾气，一件衬衫扯破了，也不是多么悲惨的事情。相反，发生小意外是传授孩子正确价值观的好时机。这就是所谓的小意外，大价值。

8岁的黛安娜把妈妈戒指上的诞生石弄丢了，她伤心地哭了起来。妈妈看着她，平静而坚定地说："在我们家，诞生石不是那么重要的。重要的是人，是心情，任何人都可能弄丢诞生石，但是诞生石可以重新替换。

你的感受才是我最关心的，你确实喜欢那个戒指。我希望你能再找到合适的诞生石。"

当孩子遇到问题或遇到不开心的事时，妈妈最好的做法是回应孩子，让孩子心灵有慰藉，而不是做出反应，质问孩子。妈妈不要只针对孩子的行为做出反应，而是要关注他们心烦意乱的情绪，帮助他们应付难题。只有当孩子内心平静时，他们才能正确地思考，才能做出正确的举动。

歇斯底里的喊叫对孩子是没有益处的，它只能导致气愤和憎恨。更糟糟的是，如果孩子经常受到批评，他们就会学会谴责自己和别人，学会怀疑自己的价值，轻视别人的价值，甚至导致人格缺陷。

情商高，就是说话让人舒服3

让"结果"说话

一个孩子不爱惜家里的东西，这天又把椅子弄坏了。爸爸毫不留情地让他连续几天站着吃饭，让他体验体验自己的行为所带来的劳累之苦。

一个孩子很任性，动不动就摔东西来表示自己的"抗议"。一天，因为妈妈没给他买他想要吃的蛋糕，就把一件新玩具摔坏了，把一本书撕烂了。妈妈更是"强硬"，马上宣布一个月之内不再给他买新玩具和书，若他没有改正的行为，则继续延长时间。

18世纪法国教育家卢梭认为："儿童所受到的惩罚，只应是他的过失所招来的自然后果。"这就是卢梭的"自然惩罚法则"，是世界教育史上的一个里程碑。

自然惩罚法则的含义是：当孩子在行为上犯了错误时，父母不应对孩子进行过多的指责，而应该让孩子自己承担错误直接造成的后果，给孩子以心理惩罚，使孩子在承受后果的同时感受心情的不愉快甚至是痛苦，从而让孩子自我反省，吸取教训，改正错误。

这天，威特夫人和女儿约好晚上一起去看电影。下午的时候，女儿同学打电话过来约女儿一起逛街，威特夫人同意了，她告诉女儿必须在晚上6点之前回来。女儿痛快地答应了。可是，女儿迟到了二十分钟才到家。

威特夫人并没有说什么，只是让女儿看了一下手表。女儿知道自己不对，低着头道歉："我错了。"

威特夫人没有发火，只是告诉她："今天看不成电影了，因为时间来不及了。"还配上了一句，"这真遗憾！"

女儿很难过没有看上心仪已久的电影，但深深地记住了这个教训，从此以后再也没有失言过。

对于女儿不守时的毛病，威特夫人没有长篇大论，只用耐心和等待让女儿明白：如果遵守约定，就不会错过一部好电影。高情商父母，话都不多，等结果，用事实告诉孩子犯错的成本。

"自然惩罚法则"的另一种方法是：给机会去试试。如果孩子一定要穿那套好看但太单薄的衣裙，或适合宴会穿的硬底皮鞋，就让她穿。结果必然是"太冷了""鞋太滑太硬不能在操场上跑，追不上同学"。总之是让孩子"自作自受"。

马克思说："人类学会走路，也得学会摔跤，而且只有经过摔跤他才能学会走路。"我们不能因为害怕孩子摔跤，而不让孩子学走路，那不是爱，是剥夺。当孩子拒绝我们的帮助，那么我们就少说话，给他个机会，让他自己试试看，犯错也没有关系，总会有收获，不是吗？

卡尔一家要去山上野营，临行前爸爸妈妈和卡尔定好了"纪律"：这次活动为期两天，需要在山上度过一个晚上，参加者需要自带相关用品，不得互相借用。

定好规矩后，一家人开始分头收拾自己的营地生活用品。卡尔拒绝了妈妈的帮助，并很自豪地告诉妈妈："我能够照顾自己的。"

妈妈没有再坚持。出发前，妈妈检查了卡尔的行李，发现他没有带足够保暖的衣服，也没有带手电筒，这是野营时必须要带的东西。但是妈妈并没有多说什么，她想，应该让卡尔亲身体验一下自己行为带来的后果，会对以后的生活有益处。

爬山、蹚河……经过一下午的跋涉，一家人终于到达了山顶。望着正在下落的太阳，每个人都很有成就感。然而，问题很快就来了，太阳下山了，天越来越黑，气温也开始下降。由于没有带足够的衣服，卡尔冻得瑟瑟发抖。因为有约在先，卡尔不得不咬牙忍受着，不能向爸爸妈妈求助。

看到冻得可怜兮兮的卡尔，爸爸妈妈很心疼，但是他们决定不帮忙，好让卡尔从自己的错误中懂得今后该怎么做。

更严重的问题还在后面。由于没有带手电筒，卡尔根本没办法在漆黑的山顶看清楚路况，为此，被山上的草丛、矮树划伤了胳膊和腿。

这次的野营，卡尔搞得很狼狈，快快地回到家里，妈妈问："这次玩得不开心是因为什么呢？"

"我以为那里的天气会和这里一样，所以只带了平常穿的衣服，没有想到山里会那么冷！下次再去，我就知道该如何去做了。"

"那如果下次去的是佛罗里达，你也带同样的衣服吗？"妈妈试探着问道。

"不会的，佛罗里达很热，我会带凉快一点的衣服。"

"对了，你应该先了解一下当地的天气情况，再做决定。那手电筒呢？"

"我想到了要带手电筒，可一忙，最后给忘了。我想，下次野营时我应该像爸爸妈妈一样，先列一个单子，这样就不会忘记东西了。"

有时候用事实说话，胜过千言万语。一问一答中，妈妈已经帮助卡尔总结了这次活动的经验教训。经验对于一个人的成长是很重要的，别提醒孩子，让孩子在体验中尝到自然惩罚的后果，你的孩子就会成长进步得更快。

　　托尔斯泰说过："爱孩子是老母鸡都会做的事，关键是如何教育。"如果你觉得孩子越来越"叛逆"，听不进你"金玉良言式"的大道理，那么不妨闭嘴等待，让孩子去"自讨苦吃"，自己承受错误的代价，并因此得到教训。请相信我，这将比比喋喋不休更有效！

惩罚你，和爸爸一起把玩具恢复原状

没有父母不希望自己的孩子将来能有所成就。为了孩子有更好的未来，父母不惜花重金给孩子报各种各样的培训班、补习班，给孩子讲述成功人士的成长经历，看各种名人传记。但是，好多父母不明白一件事，那就是有时自己不经意的一句批评或者不耐烦，都可能会断送孩子的未来。

一位妈妈带着自己5岁的孩子去拜访一位著名的化学家，想了解这位大人物是如何踏上成才之路的。化学家没有跟他们讲述自己的奋斗经历和成才经验，而是把他们带到了实验室。

第一次到实验室的孩子很兴奋，他好奇地看着到处都有的林林总总的瓶子和装在里边的五颜六色的溶液，看看化学家，看看妈妈。过了一会儿，他终于试探性地将手伸向了盛有黄色溶液的瓶子。这时，他的背后传来了一声急切的断喝："别乱动！"妈妈快步走到孩子旁边，孩子吓得赶忙缩回了手。

化学家哈哈笑了起来，对孩子的妈妈说："我已经回答你的问题了。"

妈妈疑惑地看着化学家。化学家漫不经心地将自己的手放入溶液里，笑着说："其实这不过是一杯染过色的水而已。你的一声呵斥出自本能，但也呵斥走了一个天才。"

许多父母都容易犯下这个错误，他们总以经验来约束孩子，殊不知"别乱摸""不能碰"诸如此类的话语把孩子的好奇心扼杀在了摇篮里。长此以往，孩子就会慢慢习惯于接受现状，而不敢再探索创造，在父母画的一条虚无的边框里成长，踏上和父母同样的道路。父母自以为是的"好"，也许对孩子来说并不那么美妙。

托马斯今年5岁，他聪明伶俐，对任何事物都有强烈的好奇心。

有一天，爸爸妈妈在厨房做饭，托马斯独自在客厅里玩耍。百无聊赖的他对一个精致的玩具汽车产生了兴趣，想拆开来看个究竟。可是，拆开以后，就再也装不上去了。

妈妈看到被"肢解"的新玩具，十分生气地对托马斯说："你怎么这么顽皮。这可是爸爸送给你的生日礼物，刚买没几天，你就把它拆了，看爸爸怎么收拾你。"

托马斯惴惴不安地等待着爸爸的惩罚。可出乎意料的是，爸爸不但没有生气，反而笑着对他说："托马斯，你把玩具拆开了，爸爸要惩罚你，和爸爸一起把玩具恢复原状。"

就这样，爸爸和托马斯开始一起摆弄这个玩具。在拆装玩具的过程中，爸爸不断地给托马斯讲解玩具的构造及原理，鼓励他自己动手。经过几个小时的努力，父子俩终于成功地将玩具恢复了原状。托马斯也从中学到了很多机械知识。

能拆开玩具，说明孩子有求知的欲望，能自己去看待问题、研究问题。托马斯的妈妈显然属于传统的妈妈，只看到表面现象，就是托马斯把玩具拆坏了，而没有发现托马斯拆坏玩具的原因。幸好，他有一个高情商的爸爸，没有对托马斯做出严厉批评，反而鼓励托马斯，重新把玩具组装好。

对于不了解的事物充满好奇心，是我们成年人也会存在的心理。高情商父母会透过现象看本质，能发现孩子调皮背后的心理因素，找出根本原因。如果孩子做了一些在成人看来不可理喻或者不可思议的事，只是单纯地因为好奇心理，做父母的千万不要一味地批评，更不要扼杀孩子的好奇心。因为社会不断发展进步的本源就在于人类敢不敢去探索知识，去探索未来。

我们可以鼓励孩子去发现探索，甚至陪孩子一起去发现探索，遇到不懂的地方和孩子一起学习，找到解决办法。相信有这样父母的孩子将来一定可以靠自己去闯出一条属于自己的人生道路。

面对孩子发脾气，高情商父母选择不接招

哭，是小孩子强有力的语言，是不达目的不罢休的宣言。面对随时随地爱哭的小孩子，很多父母束手无策。哄吧，容易骄纵孩子，养成以自我为中心的坏习惯；打吧，暴力手段对于一个无知的小孩过于残忍。这个时候，父母不妨参照一下凯伦夫妇的做法。

凯伦夫妇最近被儿子的坏脾气折磨得头疼死了。儿子安仅仅6岁，却脾气暴躁得厉害，稍不如意就大发雷霆，大喊大叫。即使是跟他讲道理，他也听不进去，如果父母不按照他说的去做的话，他就一直吵闹哭喊，在地上打滚，手里有什么东西都会顺手扔出去。

为此，凯伦夫妇想尽了办法，他们打他，罚他站墙角，责骂他，呵斥他，苦口婆心地给他讲道理……这些都不管用，一有事情安还是会大发雷霆，暴躁脾气依然如故。

一天晚上，一家人正在看电视，安突然想要吃冰淇淋。已经很晚了，商店都关了门，爸爸妈妈试图跟他解释，劝说他明天再吃。然而，安的脾气又上来了，他躺在地上大声叫喊，用头撞地，用手到处乱抓，用脚踹所有够得着的东西……

爸爸妈妈被气得不知道该说什么，他们努力克制自己的火气，暂时没

有任何语言和动作。

安已经叫喊半天了，他奇怪地发现，居然没有人理他。于是，他又重新按他刚才的"表演"闹了一番。这次爸爸妈妈决定怎么做了，他们不发火也不制止，坐下来继续看电视。

安不服气地又开始了第三次"表演"，然而爸爸妈妈还是没有任何表示。最后，安大概也觉得自己趴在地上哭叫实在太傻了。他自己爬了起来，哭累了回房间睡觉去了。

后来，安又在超市撒泼哭闹过一次，就因为妈妈没有给他买他相中的那辆小汽车。妈妈这次依然采取了不理不睬的冷处理的方法，随他在玩具区哭闹。眼看聚集的人越来越多，影响到了超市的正常营业，妈妈抱走哭泣的安，将他带到地下车库，让他继续闹，直到他闹够为止。

一段时间下来，安乱发脾气的坏毛病因为没有得到关注而自然消失了。

孩子并非我们想象得那么不懂事，他们只是控制能力差一点而已。安乱发脾气，哭闹，就是想通过这种方式来吸引父母的注意，进而达到他的某些目的。结果他看到自己的闹腾没有效果，父母不予理睬，他自然就选择了放弃。

这里所说的冷处理，并不是让家长真的丢下不管，而是暂时走开，不搭理孩子，用一种氛围让他自己慢慢冷静下来。如果家长不给孩子这个时间和空间，再加上自己也不冷静，只会加重孩子的负面情绪，让他更加心浮气躁。长此以往，想培养孩子的好脾气就有难度了。

需要注意的是，冷处理期间，家长千万不要心太软，因为担心孩子长时间哭下去会生病或者想尽快结束这种混乱局面，就过去安慰，导致前功尽弃。一定要有原则，坚持到孩子不再哭了，因为孩子也会思考，也会悄悄观察，看到这招不管用，自己也累了，哭闹也就停下来了。

孩子停止了哭声，但内心渴望爸爸妈妈的爱，所以这时，爸爸或妈妈就要适时走过去，抱抱他，拍拍他，告诉他："超市很大，有好多东西，我们不可能全部买下来，之前约好了一次只买一个玩具，就要说到做到，遵守约定。"

如此，既改掉了孩子爱哭闹的坏习惯，又对他进行了恰如其分的教育，小孩就会悄然而茁壮地成长，而不会遇事偏执，不顾别人的感受，自私霸道！

Part 5

"鼓励孩子自立"的话

——独立而自信的孩子，全世界都会为他让路

敲黑板：事事顺从的孩子创造力几乎为零

在中国家长的意识里，一个乖孩子，一定是一个好孩子。仔细分析就会发现，这种意识有它存在的理由：父母都是爱孩子的，父母所说的话也都是为孩子好。如果孩子能听从父母的话，那他自然会成长为一个好孩子。

父母的话都是为孩子好，这句话没错，可是父母的话一定就是对的吗？似乎中国的父母从来不去思考这个问题，他们喜欢对自己的孩子说：

"宝贝，真乖！"

"我都是为你好，你这孩子怎么那么不听话？"

"就你，还想当班长？在家跟我们顶嘴，在学校跟老师顶嘴，就你和别人想的不一样，就你好，那为什么大家不愿意选你做班长啊？为什么婷婷当选了，就是因为人家从来不捣乱，人家很听话！"

左一句，右一句，说的都是让孩子顺从、听话！孩子顺从了，听话了，结果呢？

"爸爸，你看那个电视剧里的孩子，竟然跟妈妈争论问题，还觉得妈妈是错的，自己才是对的，他怎么能这样呢？"

"妈妈，老师布置了一篇作文，要求有创意，这个怎么做啊？"

家长的观念中有一种根深蒂固的思想，那就是"听话"的孩子才是好孩子。于是，从出生的那一刻起，孩子就接受了这样的听话教育。不但要听家长的话，还要听老师的话。对于父母和老师的教诲和要求，孩子只能服从，不能拒绝，更不能怀疑和反对。

不知道家长有没有注意到，孩子经常带着一脸委屈，怯生生地站在一边。那是因为孩子没有说话的权利！不管有什么不同的意见，也不管这些意见有没有道理，在孩子的内心深处，他已经被家长否定了。所以，久而久之，在孩子看来，与其跟父母顶嘴、跟老师争辩，还不如乖乖地听话，这样起码还有父母的疼爱与表扬。因为，听话无论到哪里都是真理，违背不得！

也许，在父母看来，孩子听话并不是一件坏事情，至少父母是为孩子好的。要知道父母有着更多的生活经验，孩子在很多事情上听从父母的安排就可以少走弯路。但是，家长是否考虑过，顺从和听话的背后意味着什么？一批又一批顺从和听话的孩子产生了，一帮小大人产生了，他们的典型特征就是说着大人的话，想着大人的想法，他们俨然成了大人们思想的附庸，成了成人世界各种命令的执行者。

小安从前是一个很顽皮，但是非常有主见的孩子。面对父母的安排，如果不符合自己的心意，他就会直接反抗。

"不，我不喜欢学书法，我想去踢足球。"小安双手插在腰间，昂着头对妈妈说道。

"你这孩子怎么这么不听话，踢足球能踢出个什么出息呀？"妈妈不耐烦地教训着小安。

"踢什么足球，去上书法班，以后要是还不听话，爱顶嘴，会让你有好果子吃的。"脾气暴躁的爸爸很严厉地训道。

小安吓哭了。从此，小安听话了，之后可以说对父母言听计从。慢慢地，家长就发现，这个言听计从的孩子的未来让人发愁了。

"爸爸，老师让我们写一篇关于人生规划的作文，我不会写，你对我的人生有什么规划呀？"

其实，我们不应该抱怨孩子。因为他从小就失去了选择自己成长的权利，听父母的话，养成了顺从和听话的习惯，那么到了社会上，在与人相处时也容易如此。这就意味着他很难独立、自信，很难维护自己的利益和尊严。更为严重的是，他的创造力从小就被从根上扼杀了！

在这个竞争激烈、要求创新的社会里，这样一个从小就事事顺从的孩子，你如何能指望他有一个出众的表现呢？大家都知道，社会日新月异，这必然要求创新型人才的出现，如果想在社会上立足，想有一个美好的发展前景，创造力不可缺少。所以，家长千万别为了培养听话的孩子，而造就了没有创造力的孩子。把孩子的创造力抹杀了，这不应该是教育的目标和本质啊！

画重点：不是孩子没主见，就怕家长太强势

观察自然万象，我们就会发现这样一个真理：只有自由的土壤才能培养出天地间的强者。为了自由，狼宁愿去搏杀，在险象环生的环境中生活。也正是因为这样，狼才成了动物中的强者。同样的道理，如果父母想把孩子培养成为生活中的强者，就应该多给他们一些自由的空间，而不应该随便插手他们可以独立解决的生活中或者学习中出现的问题。

父母不要过度干涉孩子的自由，如果他们需要，自然会主动求助的。在孩子不需要帮助的时候，如果父母主动去干涉孩子的事务，虽说是出于善意，也可能给孩子招致不必要的麻烦。

11岁的海伦是一家夏令营的辅导员助手。她为人既公正又热情，而且待人细致周到。对于海伦的自理能力和社交能力，海伦的妈妈向来都很放心。

不过，有一天，妈妈忽然接到了海伦的电话。说了几句话之后，妈妈明显地感觉到海伦的情绪有些低落。

"亲爱的，你不高兴吗？"妈妈问道。

"妈妈，之前的辅导员走了，新来的辅导员很粗鲁，对待我们的工作很苛刻。"

"她对你也很粗鲁吗？"

"今天早上，我召集队员集合的时间有些晚，她竟然当着全队人的面，将我训斥一番，我觉得很没面子。"

海伦说到这里，在电话中忍不住哭了。妈妈特别难过："她这样做不对，我现在马上给你们学校的领导打电话，我要提意见。或者我们干脆辞掉这份工作，回家来吧。"

妈妈心疼女儿，这无可厚非。但是，海伦的妈妈在海伦面前直接批评辅导员，会让海伦更加认为自己是委屈的。辅导员在她心中的形象会进一步恶化，更加不利于她们今后的工作开展。其实，海伦本身有工作失误的地方，但妈妈这样偏袒的话会让海伦无法发现自己的错误，不利于海伦的成长。

孩子和周围人的关系如何，最终需要孩子自己去面对和处理。如果家长介入其中，就会剥夺孩子处理问题的权利，让孩子失去一次成长的机会。当然，这不是说在孩子遇到事情的时候，父母就要不管不顾，而是说父母不能过多地干涉。父母要做的就是，稍稍地引导一下孩子，把最重要的一步留给孩子来决定。

如果海伦的妈妈换一种说法，事情的结果会不会更好呢？比如，妈妈说："亲爱的，我能理解你。你现在一定很难过，但愿同妈妈谈一谈能让你心里舒服一些。"接下来，妈妈要做的就是帮助海伦分析整个事件的全过程，让海伦能意识到自己在工作中的失职。"辅导员老师估计是比较粗鲁，不过我觉得，学会与各种各样的人交往、相处，也是你参加这项服务的目的之一。如果你能想办法与辅导员的关系处得融洽一些，那么对你今后的工作是很有帮助的，你觉得呢？"这样的话说出来，就会转变海伦先前的抱怨情绪，给她留下思考和发展的空间。

16岁的菲尔跟着老师参加周末的滑雪旅行，到达车站后他才发现自己忘了带父母的同意书。老师拒绝没有父母同意书的菲尔参加。于是，菲尔不得不回家去取。当他回到家时，对妈妈说："妈妈，如果你不开车送我去佛蒙特，你就会损失你付的100美元。"

"菲尔，"妈妈说，"我知道你很想去，我也希望能帮你，但是你知道的，让我开车送你去是不可能的。"

"我该怎么办？"菲尔嘀咕道。

"有没有想过乘公共汽车去？"妈妈建议说。

"不，因为我必须要换乘好多趟车。"菲尔回答。

"我明白了，你已经决定不乘公共汽车。"妈妈平静地说道。

菲尔接着又嘟囔了几分钟，然后就离开了房间。当他回来时，他说他已经找到一辆公共汽车可以直接到达山区，无须转车。

陶行知先生曾说过："滴自己的血，流自己的汗，自己的事情自己干；靠天靠地靠老子，不算是好汉。"这句话诙谐地道出一条人生的至理名言：独立对于男孩子来说是人生最宝贵的"财富"。

在上面的例子中，妈妈帮助菲尔把情绪转到解决问题上来。结果，菲尔没有把时间浪费在责备和自责上，而是积极寻找解决难题的办法。事情的顺利解决也使他觉得自己是一个能干的、负责任的人。

这个社会是很现实的，家长应当允许孩子有机会接触生活的各个方面，并且学会如何来应付它们，而不是将他们与现实隔离开来。所以，当孩子在成长过程中出现状况时，家长要引导他们，而不是干涉他们，这样才能够使孩子获得充分的成长，而不是被社会现实隔离。

每个父母都希望自己的孩子可以成为生活中的强者，希望自己的孩子可以在人生的风雨中独当一面。可是，如果父母不给孩子经历风雨的机会，不给孩子独立面对社会的自由，那孩子如何成长呢？

爱孩子，不是要成为他们的护身符、保护伞，而应该通过培养和引导，让他们成为独立、坚强的男子汉！爱孩子，就不要过多干涉孩子的自由。放手，让孩子自由地飞翔，才是真正的爱孩子。

一旦吝啬给孩子自由，你就输了

"丸子，今天绘画班你表现不错，中饭吃什么，这次全由你做主。"

"好啊，我要吃炸鸡。"

"啊，这个垃圾食品，不行不行。"

"好吧，我要吃自助餐。"

"这个嘛，我俩胃口都不大，不合算。"

"算了算了，还是你定吧！"

有些父母在餐厅点菜、在商场买衣服时，嘴上说给孩子发言和选择的权利，但内心的想法却是：不许超过我许可的范围，"这个味道不错，吃这个吧！""这个更可爱！""这件很适合你，买这件吧！"将自己的意见强加给孩子。如果这样的交流多了，孩子就会越来越没有主见了。

高情商的父母都一致认为，如果你对孩子说，让他做决定，那就尊重他的决定。即使是不合理的，也可以先认同，哪怕事后再与他讲道理。拿开头的例子来说，妈妈可以说："行，今天你吃什么妈妈都陪你。不过，平时还是少吃炸鸡哦。"这样，孩子才会相信你。

每个人都对自由有着热切的渴望，没有人愿意自己的行为整天被人限制。有时候你对一个人的行为越是限制，便越会激起他不顾一切的反抗，孩子正是如此。如果父母很严格地控制孩子的行动自由，孩子就会想方设法从父母的控制下逃离。

斯思的妈妈一直想把她培养成一个钢琴家。斯思每天放学回家后，都要苦练钢琴。看到别的小朋友在小区里开心地玩游戏，斯思心里满满的都是羡慕。

有一次，斯思实在是太累了，就跟妈妈说："妈妈，我就玩十分钟，好吗？"妈妈想了想，觉得也就才十分钟，就允许了。可是半个小时过去了，斯思还是没有回来练琴。妈妈特别生气，就把斯思找了回来，边走边抱怨："你这孩子怎么没有一点自控能力呢？说好的十分钟，现在都半个小时了。"

我们经常会听到父母发出这样的抱怨：让孩子出去玩一会儿，结果玩半天都不知道回来；遇到喜欢吃的巧克力，就吃个不停……其实，父母也应该反思一下自己的教育：孩子会这样，会不会是因为自己管得太严了？

著名教育专家尹建莉老师曾在多个场合中提到过一位妈妈讲给她的这件事：

她的孩子大约3岁，很爱吃糖。妈妈害怕孩子吃糖太多会有龋齿，也担心会发胖，就严格控制数量，规定孩子每天只能吃两块。可是孩子经常在吃完当天限额的两块后，觉得不够，缠着妈妈想得到更多。妈妈坚持原则，一块都不多给，并把糖盒放到高处，不让孩子够着。

可是有一天，妈妈发现了问题，糖盒里的糖在急速减少。再仔细观察一下，发现放糖盒的柜子前多了一个凳子，糖盒也挪了位。这下她才大吃一惊：本意是要孩子少吃糖，学会自我控制，可这样看来，孩子不但没少吃糖，还多吃了。自制力不仅没有发展出来，还多了一个弄虚作假的坏毛病。

这位妈妈没有马上去批评孩子，而是开始反思自己对孩子的管理，认识到自己必须得改变一下方式方法了。她没有揭穿孩子偷糖的事，而是很真诚地给孩子道歉说："你这么爱吃糖，可妈妈每天总是忘记主动拿糖给你吃。以后宝宝自己管糖盒，想什么时间吃糖，就自己去拿。不过，多吃糖的坏处已经给你讲过，所以你还是每天吃两块，好吗？"

孩子一听，既兴奋又吃惊，这可是妈妈以前摸都不让他摸的东西啊！妈妈又打开糖盒看看说："糖不太多了，我们一起数一下还有多少块，还能吃几天。"和孩子一起数了，还有二十块糖。妈妈说："这些糖还够你吃十天，到时候妈妈就买新的回来。"然后就放心地把糖盒交给孩子。过了几天，妈妈悄悄去数糖盒里的糖，发现孩子真的一块都没有多吃。

这个例子让我们真实地感受到，孩子听话，从给足他自由开始。家长由监督者和控制者的角色中退出，把信任还给孩子，就能有效提升孩子的自控力。

很多家长担心，给孩子自由，会不会养成他不听话、不守规则的坏毛病。其实，这个担心没有必要。事实上，只有家长平时很少限制孩子，孩子的自我管理能力才能得到锻炼。

很多教育家也提倡孩子要在宽松的环境中成长，孙瑞雪女士的《爱与自由》就深入地探讨了孩子的天性发展与成长环境之间的关系。当你放开手让孩子成长的时候，他是不会像你想象中那样漫无目的、毫无纪律的。在孩子内心中有一套自我发展的规律，他会遵循这个规律去学习、说话、排队等。如果我们压制它，或者想要人为地调整这个规律，就会破坏孩子的成长。

每个父母都希望自己的孩子健康快乐地成长，那就不妨给孩子留些自由选择的空间吧。在孩子的成长过程中，很多事情都可以让他们自己做决定。比如，他们可以选自己喜欢的衣服，可以自己决定零花钱的用途……父母要相信孩子，他们会对自己负责的。

家长培养孩子的一个重要目标，就是帮助他们成为一个独立的个体。有一天，当孩子离开我们的时候，能自己独当一面。我们希望孩子不是自己的翻版或者延伸，而是一个与我们有着不同性情、不同品位、不同感知、不同期望、不同梦想的完全独立的个体。

肯定句，是个有能量的句式

很多细心的家长在教育孩子的过程中会发现一个奇怪的现象：不管是对于孩子的提问还是给孩子讲道理，如果家长用肯定句，孩子就容易听得进去，而那些否定句则大多会招致孩子的反感。

孙郁是一个非常不自信的孩子，他经常会问妈妈一些问题。

"妈妈，你觉得我这次语文考试能考好吗？"

"妈妈，你觉得我运动会上能得奖吗？"

"妈妈，你看看，我的毛笔字有进步吗？"

对于孙郁的这些问题，孙郁的妈妈大多数的时候都给予了否定的回答，希望可以激起孩子奋进的心。结果孙郁变得越来越不自信了，表现得也越发差强人意了。

孩子需要父母的肯定，尤其是对于孩子的提问，父母多使用一些肯定句对孩子来说绝对是一种鼓励。这种鼓励会增强孩子的自信心，让孩子更加勇敢地前行。其实，不仅仅是孩子，即使是成人，在获得别人的肯定后，都会多出一份自信与动力。这种自信与动力也往往会带来人们所期待的结果。

其实，孩子在向父母提问时，多半是对自己不自信，他们期待可以获得父母的肯定。如果父母的回答是肯定的，孩子的自信就会多一分；而如果父母的回答是否定的，孩子就会产生失落感，彻底变得不自信了。

父母多使用肯定句，不仅能在孩子对自身有疑惑时增加孩子的自信，而且在给孩子讲道理时，孩子也更容易接受。但实际情况是，很多父母总是会不自觉地使用一些否定句。

小宇8岁了，调皮好动，他的妈妈经常对他进行教育。

"小宇，不要乱动别人的东西，那是不礼貌的。"

"小宇，老师说你上课的时候又乱动，这样不好，知道吗？"

"小宇，走路的时候不要弯腰。"

可是，妈妈讲的这些道理，小宇从没有听进去过，当然也没有改正自己的缺点了。

"你怎么就听不进去我讲的道理呢？"

"你那是命令，哪里是道理呀？"

小宇的妈妈愕然了，原来孩子一直都以为自己是在命令他呀。于是，她决定换一种说法试试。

"小宇，妈妈觉得你一定会成为一个懂礼貌的好孩子的。"

"小宇，只要上课的时候安静点，就能听懂老师的内容。"

"小宇，挺直腰杆，你会看起来更精神。"

妈妈发现，小宇开始慢慢地改正一些缺点了，心里喜滋滋的。

父母在使用否定句时，总是会不自觉地表现出一种命令式的口吻。这种口吻在多数情况下是生硬的，很容易让孩子觉得不舒服，激起他的逆反心理。相反，多使用肯定的语句，会让孩子感觉父母在和自己商量，孩子自然比较容易接受。

在家长的肯定中成长起来的孩子，一定是一个自信快乐的人。在面对困难的时候，自信快乐的孩子会比自卑沮丧的孩子更加勇敢和坚强。所以，多使用肯定句，多鼓励孩子，让孩子更加自信、勇敢地去面对自己的未来吧！

孩子总是和你争辩，这是好事

在这个社会上，不论男女，如果想在未来的事业中取得成就，必须具备的一个品质就是独立。这种独立包括能力上的独立和思想上的独立。能力上的独立主要是指，一个人在成年以后可以不依靠父母独自养活自己的能力。至于思想上的独立，则表现为，一个人对社会上的很多事情有自己的看法，敢于对事情发出自己的声音，不人云亦云。

很多父母也希望孩子长大后可以成为一个有着独立能力和独立思想的人。教育专家给出的建议就是：从小鼓励孩子发出自己的声音。

鼓励孩子在和大人交谈的过程中发表自己的见解，不仅仅是培养孩子独立性格的要求，对于培养孩子的思辨能力也有着重要的作用。尤其是当孩子和父母持不同意见时，父母甚至可以允许孩子和自己争辩。

英国政坛的"铁娘子"撒切尔夫人就曾表示，父亲从小就鼓励她对一件事情要勇于发出自己的声音，甚至鼓励她与自己争辩，也正是基于此，才培养出她强大的政治气场。

一位心理学家经过多年研究得出确切的结论：争辩是孩子走向成熟之路的重要一步。能够同父母进行争辩的孩子，在以后会比较自信，更具有创意和领袖气质。孩子争辩的时候，表明他在组织语言表达自己的观点，同时还要分析对方的观点，找到破绽加以辩驳。这至少有两点好处：一是促进大脑发育；二是增加家庭互动氛围，这两点都更利于孩子各方面的成长。

小宇今年上小学三年级，担任班级的班长，把班里的事情都处理得井井有条，得到了老师和同学们的一致好评。可是，小宇的同桌筱筱却恰好跟他性格相反，做事情没有主见，说话唯唯诺诺。于是老师就建议筱筱的妈妈和小宇的妈妈交流交流。

"那是因为，我一直都鼓励他对任何事情都要有自己的看法，敢于发出自己的声音，甚至不惜鼓励他和我争辩。"小宇妈妈对筱筱妈妈说。

"和你争辩？这难道不会慢慢地助长孩子不尊重父母的习惯吗？"筱筱妈妈吃惊地问。

"当然不会，只要你尊重孩子，让孩子说出他想说的话，他也就会尊重你的。"小宇的妈妈笑着说道。

很多父母都担心允许孩子和自己争辩，会慢慢助长孩子不尊重父母的习惯。其实，孩子争辩并不是不尊重父母，既然真理只会越辩越明，父母又何须担心自己的威严会在争辩中消失呢？

但提倡争辩并不是说让孩子胡搅蛮缠、随心所欲、口不择言。争辩是讲明自己的道理，一旦孩子违背了这个原则，父母就应该制止。另外，争辩也不是事事都要争论，那只会让生活陷入混乱。让孩子争论，是想让他发表有价值的观点。

作为父母，在和孩子争辩的过程中，应该试图放下家长权威，把孩子当作一个独立的个体。如果父母一直放不下架子，不允许孩子挑战家长的权威，即使允许孩子有争辩的权利，孩子还是会心存畏惧，不敢放心大胆地和父母辩论。

所有的父母都希望孩子能成为一个独立有主见的人。可是，这种独立和有主见的精神并不是一蹴而就的。相反，它是在一个人成长的过程中慢慢地培养出来的。因此，父母要从小就鼓励孩子发出自己的声音，这样孩子长大后才有可能成为一个有主见的人。

小时候不敢说出自己的心里话，长大后不敢面对众人，这种不良后果会跟随孩子的一生，不利于他健康人格的形成。鼓励孩子大胆地说出想法是非常重要的，在孩子大声说想法的过程中，他们的个性得到了张扬，思想得到了解放，自尊和自信得以保护，同时也可以培养孩子的自主意识。只有那些勇于说出想法的人，在现代社会中才不会错失机会。

你又不是"百度"，别急着告诉孩子答案

在孩子的成长过程中，总是对所有的事情都充满了好奇，常常会问出各种各样的问题：

"我是怎么生出来的？"

"小孩子为什么生下来就不能回去了？"

"我一定要上大学吗？"

"为什么人不能想做什么就做什么？"

在朋友圈里看到一个妈妈的困扰：谁能告诉我怎么和一个6岁的孩子解释"什么叫难怪"？我想，很多父母也有类似的困扰吧。孩子对身边的事情总是要问一个"为什么"，父母知道答案的就会直接告诉孩子，不知道如何解释的，就立即行动起来，或借助工具书，或打开电脑"百度一下"，给出合适的答案。

其实，给我们自己这种压力没有必要。通常在孩子提出问题的时候，他们已经在想答案了，他们只是想让家长作为一个回应者来帮助他们更深入地探索他们的想法。

所以，在鼓励孩子自立的小技巧里，建议父母不直接给孩子问题的答案，即使你知道，也要抑制回答的欲望。因为直接把答案告诉孩子，丧失讨论机会不说，孩子还会产生思维惰性，就连最简单的问题也可能解决不了。

一群孩子正在一起玩沙土。一个孩子用小铲子把沙子往漏斗里装。沙子顺着漏口往下漏，漏斗总也装不满。孩子歪着脑袋看了半天，然后他用手指头堵住漏口，等沙子装满就把漏斗拿到瓶口边，再放开手，让沙子流进瓶子。

由于沙子漏下的速度很快，从孩子拿开手指到漏斗对准瓶口，沙子已经剩不了多少了。但孩子丝毫不泄气，一点一点儿地做着。终于，孩子弄明白了：先把漏斗口对准瓶口，再倒沙子，瓶子很快就被装满了。孩子笑了，高兴地看着身后的妈妈，而他妈妈正鼓掌为他庆贺。

同样，另一个孩子也在用小铲子把沙子往漏斗里装。但是当这个孩子拿起漏斗，沙子从底部漏掉时，妈妈立刻蹲下说："来，妈妈教你！把漏斗对准瓶口，再把沙子从这儿灌下去。"

有些家长愿意为孩子付出一切，认为多告诉孩子一些，孩子就多知道一些。但是他们没有意识到，"走冤枉路"后获得的记忆更为强烈，让孩子去"走冤枉路"其实也是一种学习方法。记得一位教育家曾经说过："你每告诉孩子一个答案，就剥夺了孩子一次学习的机会。而且，在不恰当的时候告诉孩子答案，实质上可能是一种强制性的灌输。"

所以，高情商的父母都会选择和孩子一起探讨问题的结果。比如，孩子看到天上的彩虹，问妈妈："妈妈，为什么天空会出现彩虹呢？"直接告诉答案，对孩子没有帮助，就像是我们在替他们做脑力劳动。这时候，妈妈可以把孩子的问题反问回去："这是一个很有意思的问题哦，你觉得彩虹是怎样形成的呢？"让他们做进一步的思考，才是最有帮助的。当孩子经常被一些问题包围，自然就形成一种自我解决问题的惯性，并随着不断尝试解决问题而强化解决问题的能力。

进行探讨而不是直接给出答案，最重要的一点就是，父母要留给孩子时间去思考，耐心地等候他们经过思考后的回答。成年人一个大毛病就是盼望孩子一问即答。研究显示，成年人等候的耐心通常不超过两秒钟。这样短的时间孩子根本来不及思考。而当你给孩子超过三秒的"等待时间"时，孩子的回答往往更符合逻辑、更完整和带有创造性，孩子思考的能力也将更为完善。

在帮助爸爸洗刷盥洗室的时候，玛格丽特发现盥洗室里用的橡皮活塞挤压地面时，会和地面粘住，用尽全力才能把它们拉开。

玛格丽特很困惑地对爸爸说："爸爸，我要用好大的力气才能把它们拉开。"

爸爸问："为什么你用这么大的力气才能把它们拉开呢？"

玛格丽特稍微想了一下说："因为里面的空气被封紧了。直到我拉出一条缝，才全部跑出来，于是就听见'啪'的一声响。"

爸爸没有发表评论，他耐心地看着小玛格丽特。

玛格丽特说："嗯，也许不是这样的，让我再想想。"

过了一会儿，她开心地说："爸爸，我知道了。是因为所有的空气都被挤出了活塞，里面的空气压力比外面的大气压力小。"

父母还可以鼓励孩子善用外部的资源自己去寻找答案。比如，提醒孩子到书上去找答案，这也是培养孩子热爱读书的小技巧。当孩子知道他的许多问题都能在书上找到答案时，慢慢地，就会喜欢上读书。让孩子自己形成遇到问题、解决问题的自立思想。

会说不如会问，把问题抛给孩子

天下没有父母不希望自己的孩子一生一帆风顺，无忧无虑。可是，现实却总是让父母的愿望落空，每个人的一生总是被各种各样的问题困扰，而且这些问题是从一个人的童年中就开始出现的，只是那时候大多数的问题都被父母代替解决掉了。父母爱孩子，乐意去帮孩子解决生活和学习中出现的问题，可是这样做真的就是对孩子好吗？

在孩子出现问题的时候，尤其是孩子和别人发生矛盾时，高情商父母通常会选择将问题抛给孩子，让孩子自己去解决。因为他们希望孩子真正拥有独立思考的能力和独立解决事情的能力。

暑假，妈妈带着6岁的娇娇回到了乡下的姥姥家，娇娇从小一直在城市里长大，没有来过乡下，所以对这里的一切都充满了好奇。

有一天，娇娇在表弟的房间里看到了一盆很漂亮的花儿，就想把它带回自己家。可是表弟却不愿意送给她，结果娇娇就和表弟抢了起来。妈妈和舅舅闻声都赶了过来。

"姐姐是个坏人，抢我的花儿。"表弟哭着说。

"是你太小气了，一盆花都舍不得给我。"娇娇也哭了起来。

晚上睡觉的时候，娇娇还是很生气，妈妈就对她说："如果表弟像你一样，去抢你最爱的那个洋娃娃，你会怎么样？"

"我当然不给他！"娇娇脱口而出。

"那你抢表弟最爱的那盆花，表弟为什么要给你呢？"

娇娇被妈妈说得哑口无言。第二天早上，娇娇就去找表弟道歉："我觉得昨天抢你的花，是我的不对。我们交换，好不好？我想要你的花，你想要我的什么？"

"我喜欢你那本讲小鸡卡梅拉的绘本！"

就这样，娇娇自己和表弟达成了和解，还用绘本交换到了她自己想要的花。

将问题抛给孩子，不仅可以锻炼孩子独立思考和解决问题的能力，还可以让孩子逐渐养成站在别人的角度思考问题的习惯，这对于孩子日后的人际交往有着莫大的裨益。此外，在孩子犯了错误时，将问题抛给孩子，有利于孩子自主地认识到自己的错误，并且主动去改正错误。

乐乐是家里的独生子，但是爸爸妈妈从来都不会去惯着他，对于他偶尔表现出来的小缺点，他们总是想方设法地给予及时纠正。

有一次，乐乐从幼儿园拿了七八个小气球回来，骄傲地给妈妈看。

"妈妈，你看，我今天拿了好多气球。"

"你们老师发给你的吗？"

"不是，老师说，自己想要随便拿，我就去拿了这么多，班上有好多小朋友都没有抢到。"

妈妈觉得乐乐这样做有些自私，于是对乐乐说："乐乐，如果拿了七八个气球的是你的同桌圆圆，你一个都没有拿到，你会怎么想呢？"

"嗯，我会觉得圆圆真讨厌！"乐乐很不好意思地说出了这句话。

"那圆圆接下来要怎么做，你才会觉得她不讨厌了呢？"

"除非，她把她的气球给我一个"，乐乐低下了头，"妈妈，我明天就去把气球分给班上没有的同学。"还没等妈妈开口，乐乐就已经知道自己要怎么做了。

总之，在孩子的生活和学习中出现了类似问题时，父母将问题抛给孩子，让孩子自己解决，对孩子的成长是非常有好处的。

培养1+1>2的意识，让孩子更自立

星期六上午，一个小男孩在他的玩具沙箱里玩耍。沙箱里有他的玩具小汽车、敞篷货车、塑料水桶和一把塑料铲子。在松软的沙堆上修筑公路和隧道时，小男孩在沙箱的中部遇到了一块巨大的岩石。

小家伙开始挖岩石周围的沙子，企图把它从沙子中弄出去。他手脚并用，没有费太大的力气就把岩石弄到了沙箱的边缘。不过，这时他才发现，他无法把岩石向上滚动，翻过沙箱边框。

小男孩下定决心，手推、肩挤、左摇右晃，一次又一次地向岩石发起冲击。可是，每当他刚刚觉得取得了一些进展的时候，岩石便滑脱了，重新掉进沙箱。

小男孩只得拼出吃奶的力气猛推猛挤。但是，他得到的唯一回报是岩石再次滚落下来，砸伤了他的手指。最后，小男孩伤心地哭了起来。

整个过程，小男孩的爸爸透过起居室的窗户看得一清二楚。当泪珠滚过孩子的脸庞时，爸爸来到了跟前。

爸爸的话温和而坚定："儿子，你为什么不用上所有的力量呢？"

垂头丧气的小男孩抽泣道："我已经用尽全力了，爸爸，我已经尽力了！我用尽了我所有的力量！"

"不对，儿子，"爸爸亲切地纠正道，"你并没有用尽你所有的力量。你没有请求我的帮助呀。"

爸爸弯下腰，抱起岩石，将岩石搬出了沙箱。

"儿子，记住，一个人的力量终归是有限的，你必须学会寻求他人的帮助，学会和他人合作。知道吗？"爸爸语重心长地对儿子说道。

儿子看着爸爸，点了点头。

现代社会正处于知识经济时代，各行各业的竞争日趋激烈，然而这些竞争并不是靠个人单枪作战就可以取胜的。因此，父母在教育孩子时，应该注重从小就培养孩子的合作精神，让他们懂得1+1>2的道理。如果一个孩子有着强烈的团结合作意识，并时刻将这种意识转化为自觉的行动，这样的孩子长大以后往往也能争取到更多成功的机会。

然而，在独生子女比例相当大的今天，每一个孩子的好胜心都很强，都想胜过他人。大多数的孩子都缺乏这种团结合作意识。这种状况与我们所处的需要合作意识的信息时代甚不合拍，十分令人担忧。

对此，父母在鼓励孩子与人交往时，要帮助孩子树立很强的团队意识，培养孩子与人合作的精神。两人为"从"，三人为"众"，我们的社会是由人组成的，社会的发展需要人的团结合作。每个人都要借助他人的智慧完成自己人生的超越，于是这个世界就会充满竞争与挑战，也会充满合作与快乐。

学会合作，是对人与人之间、民族与民族之间、国家与国家之间互相依存程度越来越高的时代提出的一个十分重要的命题，这对父母在培养孩子适应社会的能力以及健康积极的个性上提出了更高的要求。对当代父母来说，在孩子很小的时候就培养他们与人协作的团结精神尤为重要。

一个孩子，一般不会在需要合作的情景中自发地表现出合作行为，他们也不知道应该如何合作，这就需要家长教给孩子合作的方法，指导孩子怎样进行合作。

　　我们可以为孩子组织一些活动，让孩子在活动中体验合作的重要性。比如，有四个小朋友，但是却只有三件玩具，怎么办？在话剧表演中，好几个小朋友都想演同一个角色，怎么办？……让孩子们在玩的过程中遇到问题，鼓励他们自己想办法解决。

　　为了孩子的未来，为了孩子的幸福，希望所有父母都能认识到团结合作的重要性，并切切实实地将其贯彻到孩子发展的每一步。

Part 6

"赢得孩子合作"的话

——学会这些套路，原来高情商这么简单

孩子像蜗牛一样慢？揪出原因附对策

早晨催起床：

"快点起床了，上学要迟到了！"叫第一遍不起，叫第二遍哼哼唧唧回一声，叫第三遍才不情愿地爬起来，眯着眼磨磨蹭蹭穿衣服。

中午催吃饭：

"快点吃，饭都凉掉了！"吃饭慢慢悠悠不着急，一根一根地挑着面条吃。

回家催作业：

"快点写作业！"一会儿要喝水，一会想吃水果，一会又想上厕所，拖拖拉拉什么时候才能写好啊！

晚上催睡觉：

"快点睡觉了，明天起不来了！"十点半了，孩子还窝在沙发上看动画片。催一声没动静，再催他就急眼。

这些情景是不是很熟悉？每天，家长都要和孩子说上很多遍，因为孩子实在是太磨蹭了！

拖拖拉拉似乎是孩子们的通病，很多妈妈一聊起这个话题来就滔滔不绝，一把辛酸泪。早晨时间有限，看着孩子从起床、吃饭到准备上学，样样拖拖拉拉，三催四请还是慢吞吞的，最容易令父母心急，让人忍不住拉开嗓门责备孩子。

结果大人发火了，孩子却泪眼汪汪地站在那儿发愣，坐在那儿发呆。慢吞吞已经够让人心烦了，若再加上教育不当，衍生其他冲突或心智成长上的问题，那就更令人困扰了。孩子磨蹭的问题就像滚雪球一样，越滚越大，长大后往往会"没担当"，而其后果就是被人排斥，缺乏领导力，在碌碌无为中度过平庸的一生。

孩子为什么会那么磨蹭？应对孩子的磨蹭，这里整理出一些建议，供家长们参考。

一、孩子有自己的节奏，尊重孩子的节奏

台湾著名作家龙应台在《孩子，你慢慢来》一书中写道：

我，坐在斜阳浅照的台阶上，望着这个眼睛清亮的小孩专心地做一件事。是的，我愿意等上一辈子的时间，让他从从容容地把这个蝴蝶结扎好，用他5岁的手指。孩子，慢慢来，慢慢来……

孩子的成长是有自己的节奏的，只有在自己最舒服的节奏下，才能不断练习、慢慢成长。教养孩子一定要符合其身心发展规律，慢慢来。

有的孩子天生慢性子，做什么事都不会很快，但是他不马虎，做事很仔细，那么作为父母的我们就不需要太过担心。每个人做事情的节奏都是不一样的，也许父母的节奏很快，但孩子却"不合拍"，做起事来不慌不忙。其实父母应该感到高兴，这表明孩子很稳重，他有自己的节拍。父母急躁的催促会打乱孩子的这种节奏，会产生孩子不知道怎么办的结果。时间长了，孩子不但改不了磨蹭的问题，还会因为家长频繁的催促而变得自信不足、性格怯懦。

如果父母担心慢悠悠的孩子与周围撒欢跑跳的孩子性格不合，可以去观察自家孩子有什么比较感兴趣、比较关注的社交活动，带孩子多去一些他喜欢的公共场合，孩子还是会展现符合他年龄段的开朗活泼的。

二、没有时间观念

如果父母觉得孩子做事情虽然认真，但是确实太慢了，可以给孩子限定一个合理的时间，让孩子在规定的时间内完成。如果孩子按时或提前完成了，父母就要及时给予表扬，例如"太棒了，你把房间整理得真干净，并且还比我们约定的时间提前了五分钟！我太为你高兴了！"如果孩子没有在规定时间内完成，父母也不要催促，等他把事情做完，再给予鼓励，比如"虽然你没有按我们约定的时间完成，但是你依然坚持做完了，没有放弃，我很骄傲我的孩子具备锲而不舍的精神！我相信下次你一定可以做得更好、更快！"

有些孩子的磨蹭，可能是因为没有时间观念。如果是因为孩子没有认识到时间的价值，父母可以给孩子讲一些古今中外的成功人士珍惜时间的故事，也可以在孩子的卧室里张贴一些名言警句来提醒孩子。如果是因为孩子不能有效了解人人口中的"五分钟""半小时"到底是多长一段时间，父母可以利用计时器来帮忙，当你要求孩子"五分钟穿好衣服""半小时吃完饭"时，设定好相应的时间，让孩子真实感受到"五分钟""半小时"到底有多长。

三、事情超出能力范围

有的时候，孩子做事情慢是因为超过了他们的能力范围，他们也想快，可就是快不起来。比如，幼儿园或者小学低年级阶段的孩子，神经、肌肉发育不成熟，大脑和手脚的配合不是很灵活，所以他们在穿衣服、系扣子、用筷子吃饭时，会比较吃力，就显得"磨蹭""拖拉"了。

再比如，老师布置的作业太多了，或者孩子对被要求做的事不感兴趣，再加上有些家长可能会唠唠叨叨，指责埋怨，孩子就会产生叛逆心理，选择主动逃避，故意磨磨蹭蹭来表达不满。

养孩子，本来就是个细活儿，你越急，问题越多。所以，家长要耐着性子，多陪伴孩子，教会他们一些基本的技能；还要多鼓励孩子，主动引导孩子克服困难，提高效率。

四、教养方式有问题，父母帮得越多，孩子越磨蹭

嫌孩子自己吃饭慢，就端起碗喂饭；嫌孩子书桌乱，就帮孩子收拾……父母这种"包办代劳"的做法直接剥夺了孩子锻炼成长的机会，导致孩子滋生严重的依赖心理，一切等着父母来帮忙安排，变得缺乏主动性，没有主见，逐渐养成了做事磨蹭的习惯。

可以说，每一个磨蹭的小孩背后，都有一个操心的大人。所以，父母必须剔除对孩子的多余关爱，不能因为看孩子干得慢就包办代替，而应该让孩子了解并学会自己的事情自己做，适当地面对风雨，尽快成长起来。

五、不能责备打骂

其实，对于孩子做事磨蹭，家长发脾气一点儿也没有用，反而给孩子造成心理阴影，家长也生气，真是两败俱伤。所以，请不要发火，平心静气地和孩子聊聊，找到孩子超时的原因。

比如，孩子的数学作业半个小时就可以完成，他却用了一个小时，那么你可以这样和孩子说："宝贝，今天的数学作业你有遇到什么困难吗？"

如果孩子确实遇到自己不会的难题了，我们可以跟孩子说："你愿意告诉我，你是哪里不会吗？也许我可以帮上忙。"

如果孩子遇到难题自己解决了，父母一定要抓住机会对孩子进行鼓励："妈妈小时候有一次遇到一道难做的题目，怎么也没有做出来呢！你靠自己的努力做出来了，真棒！"

还有一种原因，就是孩子不喜欢数学，所以故意做得很慢，父母就要找到孩子不喜欢数学的真正原因，从根源上解决问题。

以上五点原因和应对方式，最重要的就是，等等孩子！明白了这些，那么，你可以等等孩子了吗？

最后，送给大家一首诗，来自台湾作家张文亮的《牵一只蜗牛去散步》：

上帝给我一个任务，
叫我牵一只蜗牛去散步。
我不能走太快，
蜗牛已经尽力爬，每次总是挪那么一点点。
我催它，我唬它，我责备它，
蜗牛用抱歉的眼光看着我，
仿佛说："人家已经尽力了嘛！"
我拉它，我扯它，甚至想踢它，
蜗牛受了伤，它流着汗，喘着气，往前爬……
真奇怪，为什么上帝叫我牵一只蜗牛去散步？
"上帝啊！为什么？"天上一片安静。
"唉！也许上帝抓蜗牛去了！"好吧！松手吧！

反正上帝不管了，我还管什么？

任蜗牛往前爬，我在后面生闷气。

咦？我闻到花香，原来这边有个花园。

我感到微风吹来，原来夜里的风这么温柔。

慢着！我听到鸟叫，我听到虫鸣。

我看到满天的星斗多亮丽！

咦？我以前怎么没有这般细腻的体会？

我忽然想起来了，莫非我错了？

是上帝叫一只蜗牛牵我去散步。

孩子过马路不让牵手，妈妈这么说皆大欢喜

在生活当中，不经意间就会发现父母对孩子说话时总是充满了命令式的语气。相信在不少家庭中，我们都可以看到这样的场景：

"去，给我马上进屋写作业！"

"不准说话，赶紧吃饭！"

"今天必须去辅导班上课！"

很多父母认为，对孩子发号施令是做父母的权利，这样居高临下、命令式的语调能体现自己的威严，能让孩子更听话。其实不然。慢慢长大的孩子，有了独立自主的意识，对父母命令的口气很反感，认为父母不尊重自己，内心会产生逆反心理，不愿意听从父母。

田宇今年5岁了，这一天他正在跟隔壁的晓彤在小区的花园里吹泡泡。突然田宇妈妈急急忙忙地拉着他往小区外面走，原来妈妈有急事要出差，准备把田宇送到姥姥家去，爸爸已经在小区外面等着他们了。

妈妈没有对田宇说明原因，只是拉着田宇打算离开。

田宇说："我要吹泡泡。"

"我叫你快点走，你听见了没有？爸爸就在外面等着我们呢，快点！"妈妈边说边拉着田宇往外面走。

结果田宇就是不走，不一会儿就大哭了起来。

这时爸爸走进了小区。

"这孩子太不懂事了，死活要吹泡泡。"妈妈生气地说。

"田宇，妈妈今天有急事，要把你送到姥姥家。等从姥姥家回来，再和晓彤一起吹泡泡，好不好？"爸爸蹲下来对哭着的田宇说。

田宇抹了抹眼泪，点了点头。爸爸抱起田宇往外走，妈妈向爸爸伸出了大拇指。

在教育孩子的过程中，很多父母会忽略一点，那就是孩子是一个独立的个体，有自己的想法，也有强烈的自尊。在向周围世界学习的过程中，孩子更喜欢处于主体地位，做学习的主人，而不是一直被动地接受父母的指令。强迫责令、以成人为中心，往往使孩子被动，收不到好效果；而了解孩子、尊重孩子、引导孩子才是成功的教育方法。

两个人站在变绿的信号灯下，却不过马路，在旁人看来可能显得奇怪。靖子想领着3岁的儿子过马路，可是儿子不愿意牵手，而那条马路上车来车往，甚至还有大卡车。

"这里很危险，拉住我的手！"靖子说了很多遍，可儿子每次都说"不"，就是不牵手。看来儿子不想被当成小孩子对待，尽管他明明就是个小孩子……

信号灯又变绿了，可两个人仍旧站在原地。靖子望着再度变绿的信号灯犯愁。突然，她想换一种说话方式会不会有效呢？

"我一个人很害怕，你能不能拉着我的手一起过马路？"她反过来把儿子当作大人对待了。结果，儿子很开心地牵住了她的手。靖子如愿地牵起儿子的小手，放心地过了马路。

渴望被尊重、被认可、被认同的心理需求，你有、我有、大家有——每一个人都有，哪怕是只有3岁的小孩子！差别只在多或少而已。

不知道父母有没有发现，自己在权威心理的支配下命令孩子的时候，说话的态度往往是简单而生硬的；而在尊重的基础上和孩子平等沟通时，说话的口气往往平和了不少。温和的态度更容易让孩子接受，粗暴的态度却容易遭到孩子的反抗。

所以，温和的沟通比生硬的命令往往有效得多。孩子在接受命令时，是被动的，而在和父母沟通时，孩子的接受是主动的。比起被动的指派，主动的接受就多了一种愉悦的心情，这也是孩子为什么讨厌父母直接命令的原因。

通过沟通，很容易让孩子站在他人的立场上思考，还容易让孩子养成理解他人的习惯。只有这样，孩子才有可能成为一个全面发展的优秀人才。所以，当下次父母命令孩子，而孩子依旧无动于衷时，不妨换个方式，以平等的身份和孩子沟通，这样就能够让孩子愿意接近你。

孩子胆小，是你无心布的局

在独生子女中，多数孩子活泼好动，能言敢为。但也有为数不少的孩子在家里很放得开，但在外面就不行，整个都蔫了，不敢和其他小朋友一起玩，没有同龄孩子那种爱动、贪玩、好奇的特点。他们腼腆，说话声音低微，主动要求少，不敢一个人外出等。

懦弱胆小的孩子，尽管思维能力和才华与其他孩子一样，但由于这种性格缺陷，在能力上往往得不到正常的发展。他们怕与人共处、与人竞争，没有较强的社会适应能力。长大之后，在事业上和社会适应方面都有较大的困难。

契诃夫的小说《小公务员之死》中，那个可怜的小公务员看戏时不幸与部长大人坐到了一起，把唾沫星子弄到了部长的大衣上，他就变得神经质般的惶惶不安。无论他如何解释，部长大人好像都没有原谅他的意思，这个小公务员在巨大的精神压力下，竟然一命呜呼了。

当然这是文学作品，但在生活中，也同样有这样性格怯懦的人，自己为自己制造烦恼，自己吓自己，影响情绪。

孩子的怯懦性格与家庭环境、社会环境关系极大。因为孩子在小时候心智还没有发展成熟，很容易受到周围环境的影响。

莎拉是个胆子很小的孩子，她从小生活在爷爷奶奶身边，爷爷奶奶对她精心呵护，日常生活几乎大包大揽地代办，慢慢地，莎拉就养成了内向、胆怯的性格。

后来，莎拉开始到父母身边生活，爸爸脾气比较暴躁，莎拉在他面前经常吓得什么都不敢说、不敢做。一天，家里来了客人，爸爸让莎拉给客人倒水，一不小心，茶杯摔在了地上，爸爸当着客人的面劈头盖脸地就骂道："你真是个笨猪！"生性敏感的莎拉羞愧得无地自容。

当天晚上，莎拉做了一个噩梦，看见爸爸恶狠狠地用手指着她的脸。从那以后，莎拉看到爸爸就紧张，越紧张越是出错，每当这时，爸爸都毫不留情地加以训斥。莎拉最后患了恐惧症，每天晚上都做噩梦，一点风吹草动都紧张到不行。

当这些恐惧悄悄在孩子心里埋下种子，没有得到父母的重视和疏解，它们就会一直生根发芽，直到像一张网把孩子牢牢箍住，使孩子变得越来越孤僻懦弱。这一性格缺陷对儿童的身心健康有很大影响，应及早矫治。

可以说，孩子的绝大部分害怕和恐惧，并不是与生俱来的，家长无疑有着不可推卸的责任。比如，父母过度限制孩子的活动，不准孩子单独外出，不让孩子多接触同龄伙伴，造成孩子不合群，缺乏一定的交往能力；父母过分娇宠孩子，事事包办替代，使孩子丧失锻炼的机会；或者父母过分严厉，孩子整日战战兢兢……

那么，对胆小的孩子应该如何教育呢？要矫正孩子的懦弱性格，家长应力求做到以下几点：

一、营造和谐的家庭氛围

一个硝烟四起的家庭，会彻底摧毁孩子的安全感。所以，想让孩子摆脱胆小，父母一定要给孩子创造一个和谐温馨的家庭环境，让孩子自由自在地生活，并让孩子有充分发挥的余地。家长要尽量克制自己的脾气，不要总是对孩子打骂训斥。家长吵架，也千万不要当着孩子的面。

二、注意气势激励

怯懦性格的最大弱点是过分畏惧，要克服这一弱点，就要借助气势的激励。父母要教会孩子用自我鼓励、自我暗示等方法来培养自己无所畏惧的气势。比如，"你能编个故事给我听听吗？""当然能！"激励他相信自我。

三、注意培养不怕失败、勇于行动的良好心理素质

许多小朋友之所以怯懦，无非就是害怕失败。但是，越害怕失败就越不敢行动，越不敢行动就越害怕失败。这种情况下，父母可以经常给孩子讲一些不怕失败、战胜困难的小故事。

平时，父母可以特意交给孩子一些对他来说有点困难的任务，当他想打退堂鼓时，及时给予鼓励和帮助。随着这类锻炼机会的增多，孩子的勇气就会慢慢积累起来了，就不会感到怯懦了。

四、和孩子一起交际吧

怯于和陌生人交往的孩子，往往是不知道如何和别人打交道。父母需要走出家门，到热闹的公共场所去锻炼孩子的交际能力。比如，周末带孩子去公园、动物园、儿童游乐园等，鼓励孩子主动与小朋友、大人搭话。父母还可以时常邀请朋友来家里玩，或带孩子去别人家做客，教给孩子一些基本的交往技能。

五、让孩子做力所能及的事

大人的过分呵护，什么都替孩子包办，使孩子过惯了舒适、平静、安稳的生活，对大人产生了依赖感。一旦离开父母，便无所适从，遇事就怕。所以，要培养孩子独立、勇敢的性格，家长必须放手让孩子做力所能及的事，学会生活，比如自己睡觉、夜间独立上厕所、自己到商店买东西等。这样做可以增强孩子的自信心，对生活也更乐观。一个乐观和自信的孩子，是不可能胆小的。

孩子出口成"脏"？正确引导是关键

在公交车上，常常会遇到一些脏话连篇的人，这时候周围的人都会流露出一种鄙夷的表情。如果说脏话的人是孩子，就更让人听着难受——看上去纯洁可爱的孩子，怎么就出口成"脏"呢？

说脏话的孩子会被认为缺乏教养，会被贴上"坏孩子"的标签，它直接影响到他们的人际交往。因为几乎所有父母都不愿意让自己的孩子和说脏话的人交朋友。

贝贝学话慢，平时又不太爱说话，一度让贝贝妈担心她是不是有语言障碍。自从上了幼儿园后，贝贝学新词汇的速度突飞猛进，说话也流利了很多。只是，孩子的童言童语里，时不时会蹦出一两个不文明词汇来。

一开始贝贝妈也没有很在意，直至有一天，贝贝妈带贝贝跟朋友在外面吃饭，期间，朋友拿着布丁逗贝贝玩，抢不到布丁的贝贝勃然大怒，突然恶狠狠地爆出一句："去你妈的！"

声音不大，落到贝贝妈耳里，却如惊雷。一方面觉得，女儿怎么越来越粗俗了；另一方面又觉得，自己女儿在大庭广众下这样爆粗骂人，显得特没家教，太丢脸了。

朋友被骂得愣了愣，表情僵硬，不好意思和一个小孩子计较，但心里多少也是不舒服的，憋了半天，半提醒半调侃地对贝贝妈说："还是得管管孩子。这么小年纪，还是个女孩，就学会爆粗口——小心以后嫁不出去。"贝贝妈尴尬万分，只能一个劲儿向朋友赔不是，表示回家会好好教育贝贝。

而那个闯了祸的熊孩子，则一脸无辜地吃着她的布丁，压根就没有感受到大人之间的"暗潮汹涌"。

几乎所有的孩子都骂过人或说过一些脏话。某一天，当你发现孩子用带着稚气的声音说出"去你妈的""臭狗屎""你个傻子"等语言时，作为家长的你，不禁会感到紧张和担忧，生怕孩子从此学坏。

那么，我们该怎么处理，才能把这些不雅的词汇从孩子的脑袋里清除出去呢？

通常讲，孩子是不会故意侮辱别人的，所以他可能并不明白这句话的确切意思和恶劣程度。比如，贝贝骂的那句"去你妈的"，贝贝妈后来问她为什么要说出这么让人不舒服的脏话，贝贝很委屈地说："我只是让阿姨回她妈妈那去！"贝贝妈听了哭笑不得。

上幼儿园的孩子，语言能力发展迅速，会模仿生活中常接触到的人或电视节目中的人的语言表达，因为他们好奇心特别强，又没有足够的能力来鉴别一些词、一些话的好坏，所以，对于不经意间传入耳朵的新鲜词汇"死胖子""笨猪"等，他们会特别感兴趣，不管好的坏的，他们都先学了再说。而学了，并不代表他们真的懂了，出现用词不当的情况也就不足为奇了。

由此可见，说脏话只是孩子成长过程中的小插曲，父母千万不要产生过激反应，但还是应该及时纠正，其中正确引导是关键。

面对爱说脏话的孩子，以下几点需要家长格外注意：

一、不过分关注，尽量冷处理

孩子的脏话往往并不"脏"，也就是他们的脏话只有"脏"的形式，而不包含"脏"的道德。因此，在我们眼中洪水猛兽般的脏话，对孩子来说只是意味着有趣或者没趣，并没有太多含义，父母不必过分大惊小怪，反应过度。

如果孩子骂人"傻"，家长很惊讶，表现出异常愤怒的样子，警告孩子"再说就打你"，孩子看到一个字把大人紧张成那样，可能会觉得很好奇、很好玩，以后就会有意重复这个字、这句话来引起大人对自己的关注。

对于孩子说脏话，父母冷静以对是最重要的处理原则。不打不骂不讲理，假装没听见，对他不理不问，让孩子觉得，这个词毫无意义，重复几次这样的冷淡场景，他就会自动停止说这个词了。

二、净化孩子的语言环境

儿童是通过模仿来学习语言的。如果家长经常说话粗俗，满口脏字，对待邻居、同事的态度恶劣，当然也就别指望孩子语言美了。

所以，父母应该提高自身的修养，自己千万不能说脏话，要给孩子树立一个好榜样。然而，很多父母在家时都不注意这一点，动不动就说脏话，孩子耳濡目染，自然也会受到影响，开始说一些脏话。而且，言传重于身教，父母千叮咛万嘱咐告诫孩子不要说脏话，可是自己却脏话连篇，这让孩子怎么能信服呢？

另外，父母要经常关注孩子周围小伙伴的情况，为孩子选择讲文明、懂礼貌的玩伴，以减少相互学骂人的机会。

三、给予正确引导

3岁以上的孩子，就可以跟他说道理了。不妨先询问他是否知道这些语汇是不尊重、不成熟的行为？他真正想说的是什么？如果换个方式，他会怎样表达？只要能耐心向孩子说明，他就会信服你。

孩子说脏话固然不好，但父母不妨通过这个契机，帮助孩子树立是非观念。看动画片或者看绘本的时候，如果有骂人的情节，父母就可以借机告诉他，哪些词是不好的，别人不喜欢听，不能用；哪些词是好的，大家喜欢听，可以用。让孩子理解词语的意义，学习正确的表达方式。

四、配合一些小小的惩罚

对于5岁以上的大孩子，如果给予警告之后，仍然说脏话，父母就可以立出相应的惩罚机制。比如，如果说脏话，就没收他最喜欢的玩具，或者取消他下周的糖果……一旦向孩子宣告了这样的决定，父母无论如何都要坚持，不能因为孩子哀求或其他原因而轻易放弃原则。

每个父母都希望自己的孩子是一个受人欢迎的小孩，那就从教孩子不要说脏话开始吧！

孩子为什么会说谎？看看阿德勒怎么说

说谎是孩子常见的行为，也是家长教育不当的结果。由于年龄小，孩子不能区分真实与想象、理想与幻想的不同，有时他是在表达自己的意向，可在大人看来就像是在说谎。4岁以前，孩子会把父母是否高兴作为衡量自己行为对与错的标准。比如，孩子把碗打碎了，认为妈妈一定会生气，这时他就会说"是猫把碗打碎的"。这个年龄阶段的孩子是意识不到自己说谎行为的性质的。

然而，对于6—7岁的儿童，如果家长没有注意到孩子是因怕家长生气而不承认自己的错误行为，也没从道理上使其明白行为的性质和界限，也不做必要的耐心的纠正，这种行为就会慢慢固定下来，形成习惯，用说谎来逃避责任。

说谎的常见原因有以下几种：

一、家长"逼"出来的谎言

心理学家阿尔弗雷德·阿德勒曾经说过："当我们面对孩子说谎的案例时，一定要看其背后是否有严厉的父母。"

孩子做了好事会被赞扬，所以做了任何好事都不会瞒着大人。但曾经犯错被父母惩罚的孩子，由于习得的经验，他们在下次犯错时就会选择撒谎来逃避惩罚。当撒谎逃避惩罚的行为得逞后，孩子撒谎的行为便会慢慢固化下来了。

二、家长"教"出来的谎言

孩子模仿性强，可塑性大，家长的一言一行，他都会看在眼里、记在心上，从而对孩子产生潜移默化的影响。

三、为了满足某种目的而说谎

这种情况常见于5—6岁的孩子，他们为了得到某种利益而说谎。

对于父母而言，让孩子知道无论在家里还是在外面，说谎都会陷入更糟糕的麻烦中，这非常重要。

亚历克妈妈接到校长打来的电话，被告知两天前亚历克在休息时间揍了某个同学，老师让他带张字条回家让父母签名，但是，亚历克并没有把父母签名后的字条带回学校。

当然，妈妈对字条的事一无所知，她谢过校长，答应等亚历克回家后她马上处理这件事。妈妈知道亚历克的脾气很暴躁，以前就没少惹祸。

亚历克放学回家来了。

"妈妈，我回来啦！"他像天使一般。

"放学啦！"妈妈抑制着怒气。她努力提醒自己小孩子常常会做这样的事。

"今天学校没有东西要交给我吗？"妈妈想给亚历克最后一次机会。

"没有呀。"亚历克一边平静地回答，一边仔细地在饼干罐中翻找着。

"我刚接到你们校长的电话。他说两天前你就应该给我一张字条，上面说你在休息时间行为不当。字条还得由我签名。"

她很快提醒自己，觉得没有必要再问他"你肯定吗"之类的问题，那只会给他再次撒谎的机会，且使自己受挫。

"哦，我弄丢了。"亚历克低头看着地板说道。

"我知道了。"妈妈点点头，"那你至少也要告诉我这件事。"

"我忘记了。"亚历克耸耸肩膀说。

"但是我很怀疑。你可能只是希望我不会发现吧！"妈妈就事论事地说。

亚历克又耸了耸肩膀。

"亚历克，你知道我不喜欢你总是惹祸，我想了解你究竟做了什么。但让我更难过的是，你还说谎。"

"我没有！"亚历克抗议说，"我什么也没有说。"

"那就是说谎。没有把字条带回家，于是说'我弄丢了'，但事实上你没丢。"妈妈做出解释。

"我很抱歉。"亚历克温顺地说。

"因为你打人，我该罚你两天不能看电视。你知道爸爸和我已经跟你说了很多次，生气时，要动口，不能动手。这次你还不把字条给我们看，所以罚你四天不准看电视。"

"这不公平。"亚历克大叫。

"这很公平，因为你说了谎。我们家是不准说谎的。而且，亚历克，你以为会发生什么事？你当然知道我们早晚会发现字条的事，你以为我会怎么做？"

"我不知道……"亚历克咕噜着，"我知道你会大发雷霆。"

"那又怎么样呢？"妈妈平静地说，"就算我大发雷霆又怎样呢？我还是爱你的。"妈妈微微一笑，"即使你四天不能看电视，那也是很短暂的时间。你现在明白了说谎会得到加倍的惩罚了吧？"

亚历克没有再说什么，默默地回到自己的房间。

几乎所有的孩子都曾撒过谎。亚历克撒了谎，但和妈妈的对话却让他摆脱了心理上的包袱。其实，他内心明白父母早晚会发现的，而现在他知道了惩罚虽然令人不快，却并不恐怖。他告诉自己，下次他会承认错误，那样的话，他就不会错过一个星期《猫和老鼠》的动画片了。

培养一个诚实的孩子是很重要的，这样的孩子在面对自己的错误时，不会感到自卑，反而会勇敢面对。称赞孩子勇于承认错误，父母看重的是他的诚实，而非他的错误本身。这样做的结果是，孩子会认识到即使为此受到惩罚，但明白了一个道理，还会感觉到被爱和受到重视。

说谎是一种不愉快的经验，不管说谎者还是被骗者，都会感觉不舒服。简而言之，如果能够选择的话，孩子很可能更愿意不去说谎。他说谎只是因为他不想惹麻烦，会失去某种权利，无法再做某些他很想做的事情，等等。

谨记，父母清楚地表明说谎会受到加倍的惩罚，孩子就会在冒险之前，再三考虑，因为大多数孩子都明白谎言被揭穿的可能性是相当大的。要想有效制止孩子的撒谎行为，父母还可以注意掌握以下一些技巧。

一、深究原因，给予惩罚

父母要深入探究孩子说谎的原因，并且有针对性地加强惩罚。如果孩子是害怕你生气，你就需要解释你的怒气其实来自失望和受到伤害，因为你相信你和他之间存在某种信任感，可以包容他偶然的犯错。你应该要求他坦言是否做了错事，你也向他坦言他应该接受相应的惩罚。这样，你就不会太失望，因为你不喜欢他再用说谎去错上加错。

二、父母一定要做到不撒谎

父母不但要做到在孩子面前不撒谎，而且还要注意不要提示孩子撒谎。因为很多父母经常用启发孩子说谎的方式了解他们干的事情。

三、孩子拒不承认，你要查明原因

如果在证据确凿时，孩子仍坚持不承认撒谎，你就应该平静地问他为什么这么做。换言之，你强调的重点不在于要他坦白承认说谎，而在于讨论当事实已经摆在眼前时，他为什么还要坚持否认。这时，父母要尽量控制自己的怒气，否则只会让他更难以面对真相。可以试着问他一个问题："如果真相大白，你想你会怎么样？"

四、孩子坦白实情，你要先称赞后惩罚

如果孩子决定不再撒谎，并告诉你实情，你一定要记住称赞他，但不要忘记惩罚。你可以说："我很高兴你告诉我了，我相信你是可以信任的。你如果不说实话，我会罚你两天不准骑自行车。但现在，你只需要为那个错误承担一定的责任，所以我把惩罚减少了一天。"

五、父母要自我反省

父母要扪心自问：是不是因为自己的原因促使了孩子撒谎？你要试着诚实地评价：你是否无法接受坏消息？你是否经常做出强烈并且令人感到畏惧的情绪反应？如果是，那么是你自己给孩子提供了撒谎的基础。

说谎并不是悲剧，不过这种行为表示孩子有所隐瞒。他不是害怕他的所作所为，就是害怕你。不管哪种情况，如果孩子知道你会适当地处理不当行为，并且考虑他的需要，那么说谎的情况就能得到很大程度的改善。

最后，提醒有些父母，如果你认为孩子小小的谎言没有什么危害，甚至觉得他们很滑稽可爱，那么切记，撒谎一旦形成习惯，在孩子长大后就会变成罪恶的根源。并且，如果这种习惯一旦形成，再期望去改变它，只能是事倍功半。

孩子不爱刷牙？别急别烦，这里有办法

对于孩子刷牙这个话题，我想是妈妈们最为关注，也是最为困扰的。因为通常情况下，孩子是不会乖乖刷牙的，有的一边刷一边玩，有的直接拒绝刷牙。理由还真是五花八门："牙膏好辣啊""牙刷好硬啊""我的牙刷太丑了""刷牙好麻烦呀"……刷牙成了妈妈和孩子每天必打的战争，总是弄得双方都不愉快。

可是不刷牙可不行呀！一般来说，孩子到了2岁左右时，二十颗乳牙都萌出后，就应该开始学刷牙了，3岁左右就应该让孩子养成早晚刷牙、饭后漱口的习惯，预防乳牙龋齿和各类口腔疾病的发生。

那么，怎么才能让孩子养成刷牙习惯呢？

一、了解孩子为什么不喜欢刷牙

如果是觉得牙膏辣，或者是不喜欢牙膏的口味，可以多买几种让孩子尝试，让他自己选择喜欢的牙膏。在影响孩子生活的事情上，父母要多给孩子选择的机会、说话的机会。

如果是牙刷毛太硬，放在嘴巴里不舒服，建议妈妈在孩子刷牙前，将牙刷用温水浸泡几分钟，让刷毛变得柔软。

如果是嫌牙刷丑，可以陪孩子一起去超市，让他自己选择喜欢的款式。你还可以让孩子去挑选自己喜欢的杯子，多换几个也无妨，毕竟让他保持新鲜感愿意刷牙才最重要。

另外，家里准备两套牙具，当孩子不愿意刷牙的时候，妈妈可以尝试用二选一的方法引导孩子刷牙。

还有一种情况，可能是孩子之前有过不好的刷牙体验。有的妈妈嫌孩子刷得不干净或者动作慢，就会取而代之，帮孩子刷牙。如果用力不当，就会导致牙刷弄疼牙肉，孩子也会因此厌恶刷牙。

理解孩子，永远是和孩子和睦相处的第一步。了解了孩子不喜欢刷牙的原因，采取相应的解决办法之后，孩子就会更好地配合我们了。

二、邀请孩子一起给玩具刷牙

这是网上的一位妈妈提到的一个办法。

孩子有一个很喜欢的小熊玩具，每天晚上在给孩子刷牙前，妈妈会跟孩子说："宝贝，小熊一天都没刷牙，牙疼了，长龋齿了，你帮它刷刷牙，好吗？"孩子很乐意地接过妈妈准备好的牙刷帮小熊刷起来。

给小熊刷完牙后，妈妈表扬孩子刷得好，并说："小熊真乖，给它刷牙它配合得真好。"然后问孩子，"宝宝想不想让小熊看看你也很乖，也会好好配合妈妈刷牙？"孩子高兴地说好，史无前例地配合妈妈刷牙。这样几天下来，孩子再也不厌烦刷牙了。

三、通过游戏互动，使刷牙变得更加充满乐趣

比如，和孩子一起刷牙，比比谁刷牙最积极、最认真、最彻底，获胜者能得到一朵小红花。刷完之后闻一闻孩子的口腔，夸赞他："嗯，真的太香啦！"

再比如，边唱儿歌边刷牙。"我是小牙刷，我最爱刷牙。上刷刷，下刷刷，左刷刷，右刷刷，里面外面都要刷，水和牙膏别吞下，我们一起来刷牙，刷的牙齿白花花。"

四、多陪孩子看书，看看绘本

有句话说得好：一百句唠叨比不过一个故事。多陪孩子看一些关于刷牙的绘本，比如"小熊绘本"系列《刷牙》《鳄鱼怕怕，牙医怕怕》《我的牙齿亮晶晶》《牙齿大街的新鲜事》等，这些绘本对孩子养成刷牙的好习惯，都有很大的帮助。

通过绘本，孩子能形象地了解到不刷牙的危害，就会主动对妈妈说："妈妈，我的牙齿里有小虫子，快找牙膏先生和牙刷小姐帮忙吧。"

五、家长以身作则，坚持每天早晚刷牙

让孩子意识到刷牙就如同穿衣、吃饭一样是每天必不可少的一件事，慢慢地，刷牙就会成为孩子日常生活中的一个习惯了。

孩子挑食，多半是父母的过？早改孩子早长个儿

孩子挑食就是专挑自己喜欢吃的几种食物吃，而对不喜欢吃的东西碰也不碰。长期挑食不仅会引起孩子营养比例失调而造成消瘦、贫血、对疾病的抵抗力低等症状，而且还会严重影响孩子的生长发育。

此外，挑食还容易使孩子形成任性、依赖、神经质等倾向，绝对不可轻视。据有关医学资料报告，现在临床疾病中有一半以上是由于不良饮食习惯——挑食引起的。

在现实生活中，孩子挑食的现象普遍存在，而且极难纠正，这已经成为一个让所有父母头疼的大难题。

3岁的卢克不喜欢吃青豆，但为了让儿子得到均衡的营养，卢克爸爸特意煮了一大盘青豆，并下定决心非要让卢克把那些湿漉漉的小东西吃下去不可。

经过一个多小时的训斥、威胁、哄骗和不厌其烦的劝说，卢克爸爸仍然没能达到目的。眼泪汪汪的卢克紧闭双唇，坐在饭桌边，一小勺青豆也没有吃下去。

最后，靠着更严厉的威胁，卢克爸爸终于设法把一口豆子塞进了孩子嘴里。但是，卢克根本就不肯把它们咽下去。直到临睡时，妈妈除了把孩

子放到床上，让那些青豆仍留在他嘴里之外别无选择。

第二天早晨，妈妈在卢克的床底下发现了一小堆糊状的豆子。

爸爸妈妈都很困惑，卢克怎么会那么倔强？

当然，并不是每一个小孩都像卢克这么倔强。但的确有许多孩子都会在吃饭问题上和父母较量一番，这是他们很喜欢玩的一场游戏。

即使很小的孩子，也能很容易地紧闭自己的小嘴。你有什么好办法能够强迫孩子吃他不想吃的东西吗？只要和任何一位有经验的父母聊一聊，他们都会告诉你这实在很难。经常听到一些家长抱怨说："我最发愁的就是孩子的吃饭问题了，平时看着挺可爱，一吃饭，什么毛病都来了，青菜不吃，鱼不吃，那个有怪味不吃，这个苦苦的不吃。好不容易吃了两口，转身就跑，还非得大人哄着、追着喂饭，一口饭能在嘴里含五分钟，吃不完的东西到处乱扔，身体又瘦又小，真让人没办法。"

很多孩子都像卢克一样，存在着挑食的坏习惯。年龄越小的孩子，越容易挑食。养成挑食习惯的孩子，他们的胃口都不会好。这是因为挑食抑制了消化液的分泌。

对于家长来说，当你辛辛苦苦地为孩子准备好了一桌丰盛的饭菜，而你的孩子却皱着眉头，这也不想吃，那也不感兴趣，你肯定会感到很失望。而且，最让你揪心的还是孩子的身体健康将大打折扣。因此，纠正孩子挑食的坏习惯，是家长必须认真对待的问题。

孩子挑食的原因既有身体因素，如消化不良或食物过敏反应等，但更多的是环境和心理因素，比如，孩子受家长挑食习惯的影响厌烦某些食物，或家长强迫孩子吃某种食物而造成他的不愉快体验才予以拒绝，等等。

对于病理性的挑食，家长应当带孩子去医院检查病因对症下药；而对于心理性的挑食，则需要家长以身作则，耐心引导，及早发现，及早纠正。

为纠正孩子挑食的坏习惯，我们特为家长提供了以下一些方法：

一、家长要管住自己的嘴

家长不要当着孩子的面说"我不爱吃这种菜""我一吃这种菜就肚子痛"之类的话，以免加深孩子对某种食物的厌恶感，诱引孩子挑食。因为成人的饮食观念和习惯往往会影响孩子对食物的偏好。

二、尽量使饭菜适合儿童口味

做菜时要注意烹调，尽量烧得得法，适合儿童口味。

三、切忌顺着孩子的性子来

千万不可娇惯孩子，不能一见孩子不吃某些菜就不再给他吃这种菜。

四、要讲究纠正孩子挑食的方法和时机

家长要积极启发孩子对各种食物的兴趣，千万不要用强制的方法强迫孩子吃某种他不喜爱吃的食物。在纠正孩子的挑食习惯时，家长要注意在孩子胃口好、食欲旺盛的情况下进行。

五、少给孩子吃零食

吃饭之前，家长要尽量少给孩子吃零食，尤其是甜食及冷食。除此之外，家长还可适当增加孩子的活动量，促进其食欲。

六、家长要有纠正孩子挑食的决心和耐心

对因挑食影响健康且十分任性的孩子，家长既要有决心，又要有耐心。

孩子爱"顺手牵羊"怎么破

皮特妈妈最近发现儿子回家后书包里总是会多一些陌生的小玩意儿：蜘蛛人玩偶、漫画书、玩具水枪。很显然这些东西不是他自己的。妈妈经过了解，知道皮特竟然染上了"顺手牵羊"的坏毛病，妈妈不禁为此焦虑起来。

孩子在成长过程中，总会有这样那样的过失行为，这些过失行为往往带有很大的盲目性、偶然性、试探性和好奇性。"顺手牵羊"也是一种过失行为，但学龄前儿童的这一行为并不算是"偷"，因为他们还不具有"偷"的概念。

例如，有时孩子玩饿了，找不到东西吃，或者看见别的小朋友有"一种玩具"，自己没有，就会拿抽屉的钱去买或干脆直接拿走。家长应理智地去分析，找出其原因，不可粗暴地都把这种行为叫作"偷"，不要用成人的是非标准来衡量未成年人。

像皮特那样，把别人的东西偷偷地拿回家，这种现象在4—6岁的孩子中并不少见，产生这种行为的常见原因有：

一、"别人的东西不可以拿"的观念还没有形成

由于这个年龄段的孩子正处于自我中心时期，尚没有"物权"的概

念，还不能很好地把自己的东西和别人的东西加以区分。只要他喜欢的，他就认为可以拿回自己家，至于是否要征得别人的同意，他还没有这个概念，或者说这个概念的约束力还不够强。

二、家长过于迁就满足孩子

如果家长对孩子的任何要求都过于迁就或立即满足的话，孩子就会习惯于想要什么，就能得到什么。在他看来，他想得到的就是他的，拿别人的东西也就是自然的、不足为奇的了。

三、孩子为了显示自己强大

如果此时旁边的其他孩子也欣赏他拿别人东西的行为，那么，他就会错认为自己拿别人的东西是一种"勇敢"的表现。

四、孩子的合理要求没有得到应有的满足

由于孩子的合理要求没有得到满足，他们从家长那里得不到自己想要的东西，但又羡慕别人的东西，于是他就会采取"拿"别人东西的办法。

五、父母不良行为的影响

当孩子看到父母从工厂或办公室把东西拿回家时，他会以为拿别人的和公家的东西是正常的，于是他自己也会效仿父母去拿别人的东西。

如果碰到这种情况，家长该怎么办呢？

一、不听之任之

即使在家长看来是不值钱的东西，也绝不能默然处之；也不能因为爱面子，怕孩子的举动会引起别人的误解，索性教给孩子如何隐瞒；更不能采取赞赏纵容的态度，使孩子心安理得甚至沾沾自喜。这样都会助长孩子的占有欲，使孩子养成贪小便宜的坏习惯，将来就有可能发展到去偷窃。

二、不大发雷霆

在孩子的心目中，"自己"和"别人"的基本概念尚不十分清楚，只知道"我想要"，不知道拿别人的东西来满足自己的欲望是不道德的、不应该的。此时，家长应该以温和又严肃的态度引导孩子讲出为什么要拿别人的东西，然后耐心告诉孩子不能随便拿别人东西的道理。家长可以和孩子讨论："如果你喜欢的玩具不见了，你会怎么样？会难过，是不是？"

家长要让孩子认识到自己的行为给别人带来了不便和烦恼，并要求孩子及时把东西送还人家。送还的时候家长最好能陪孩子一起去，在这个过程中又可以加深对孩子的教育，告诉孩子："不管什么时候，只要你拿了不属于自己的东西，就必须把它送回去。"

如果家长刚发现孩子这种情况，就斥责他是"偷"别人的东西，甚至加以打骂，这只能损伤孩子的自尊心，往往使他连送还东西的勇气都没有了。因此，为了保护孩子的自尊心，家长在与孩子交谈时，切不可使用"偷盗"等词语，而要用"拿走""带走"这样的词来代替。

三、帮助孩子建立所有权观念

家长要开动脑筋，尽早帮孩子建立起"所有权"的观念，即让孩子知道尊重别人的所有权。父母可以"以身作则"，在收好自己物品的同时，嘱咐孩子及时归置好自己的物品，并告诉孩子，"这是你的玩具""那是爸爸的书"……家里每个人都有私人物品，这些东西，如果没经过它的主人允许，是不能随便动的。父母还可以向孩子借用玩具或纸笔，并告诉孩子要使用多长时间，征得孩子的同意，方可把物品带走，在归还时要向孩子说"谢谢"。

此外，父母还可以在平常带孩子逛街买东西时，让孩子体会“不是自己用钱买的东西就不可以拿回家”。这样，孩子慢慢地就了解了什么是可以拿的，什么是不可以拿的了。

Part 7

高情商父母的自我修炼

——好好说话，是一个家庭最宝贵的家风

性格不好，其实就是情商不够

为什么我常常情绪失控，对孩子大吼大叫？

为什么当领导质疑我的时候，我会跳起来，甚至觉得自己怀才不遇想要辞职？

为什么我一开口朋友就"开躲"，不愿意跟我说话的人越来越多？

…………

这些全部关乎于情商。

在智商过剩的21世纪，人与人之间的竞争实质上就是情商的比拼：谁的情商高，谁就更容易受到领导及客户的青睐；谁的情商高，谁就抢占更多的人脉资源与潜在机会。所以，对于我们每一个人来说，情商的高低通常就是人生成功与否的关键因素。

我们经常所说的情商到底是什么呢？情商是一个人自我情绪管理以及管理他人情绪的能力指数，主要是指人在情绪控制、情感表达、耐受挫折等方面的品质。从最简单的层次上下定义，情商就是管理自我情绪、与他人相处的能力。

情商高低可以通过一系列的能力表现出来。"情商之父"丹尼尔·戈尔曼和其他研究者认为，情商是由以下五大能力构成的：

第一，了解自我——监视情绪时时刻刻的变化，能够察觉某种情绪的出现，观察和审视自己的内心体验；它是情商的核心，只有认识自己，才能成为自己生活的主宰。

第二，管理自我——调控自己的情绪，使之适时适度地表现出来，即能够安抚自己，摆脱焦虑、抑郁、悲伤等不良情绪，即使遇到大的挫折，也能迅速调整自己的状态。

第三，激励自我——调动、指挥情绪的能力，即能够勇敢面对困难，坚持信念，勇往直前，它能使人走出生命中的低潮，重新出发。

第四，识别他人情绪——富有同理心，能够通过细微的社会信号敏感地体会到他人的情绪与立场，察觉到他人的需求与欲望，这是与他人正常交往，实现顺利沟通的基础。

第五，处理人际关系——调控自己与他人的情绪反应的技巧，是获得成功与幸福的必要因素。

可见，情商高不是说只关注别人，或者只关注自己，而是关注"我们"。所以，在人际关系中，情商其实是一个合作的态度。

简书人气作者晴朵在其被网友疯狂转载的文章《说实话，不会控制情绪的人其实就是情商低》中讲到这样一件事。

杉杉其实是个挺可爱的姑娘，可是就在她那看似可爱文静的外表下，却埋藏着她的臭脾气坏情绪，稍有些不顺意的事，她张口就能来，愣是能把一个人说得一无是处，脸色苍白。而杉杉的男友阿森呢，又是个比较固执理性的工科男。

当一个脾气特大、特拧巴的姑娘遇上了一个固执且蛮理性的男友时，这摩擦出来的气焰火花肯定是不小的，要么彼此足够体谅着，要么彼此相互拧巴着。

有一次，俩人因为一点儿小事闹起了矛盾，在大马路上就吵得不可开交，指手画脚、吐沫横飞着。看阿森迟迟没有跟自己低头认错，杉杉直接就脱口而出："那行啊，我今天可算是看清你了，你什么都不用说了，分手吧！"

阿森听到杉杉这话，本来就觉在无理取闹的人是她，又一直不听自己讲了什么，只要自己低头跟她认错才肯罢休，自己也算忍了她不少了，结果她还振振有词的样子简直就让阿森受不了："好啊，分就分，你别后悔就行，有什么大不了的啊……"

说罢俩人就转身而去，背道而驰，渐行渐远。

这一次冲动且充满情绪化的争吵，最后还是为他们的感情画上了句号。

其实，在大多数人看来，杉杉和阿森因为芝麻绿豆般的小事争吵不休而分手，两人在这件事的处理上都存在着问题。在情绪管理方面，他们做不到自我调整，因为一点小事就吵得不可开交；在情感表达方面，又做不到对自己的话负责，"分手"两个字脱口就出。所以，两个人分开不过是早晚的事。

有句话说得对，"人不是靠心情活着，而是靠心态活着"，所以，我们要学会控制好自己的情绪，与自己的情绪友好相处。

当有情绪时，我们首先要学着接受这个有情绪的自己，允许自己难过、伤心或者愤怒等。然后，我们可以选择在自己房间安静地待会，好好回想最近有关的事情，找到令自己难过、伤心或愤怒的根源。最后，给自己心理暗示，"我接纳你，无条件地接受这样的有着坏情绪的自己"，使心情慢慢趋于平静。

冷静下来之后，我们再分析这些导致自己此刻情绪不好的事情背后心理层面的原因，找出自己性格上或心理上潜藏着的、你平时未注意到的性格上的弱点，看清楚自己内在到底发生了什么事情，这是令自己幸福快乐的关键，也是自由解脱的唯一路径。

华语世界首席身心灵畅销书作家张德芬老师曾说过，"觉察和自省是一切成长的开始，谦卑和感恩是解决一切问题的万灵丹。"并举例如下：

有一次我和一个闺蜜有了争执，在过程中，我一反常态地没有生气、反唇相讥，反而是耐着性子听她骂我，跟她道歉，因为她在那个当下脾气上来了，无法说理。然而心高气傲的我，平常是不会接受别人这种无理谩骂的行为的。我当时允许自己的小我被缩减，看着自己胸腔内翻腾的各种情绪，但不发作。很奇怪，事情过后，我发现，另外一个困扰我多时的感受（与她毫不相关的）居然也就放下了。

张德芬老师突然顿悟："当你接受小我受打击，不去壮大它，允许它被缩减的时候，你的整体生命的质量都会提高，困难也容易解决。"为什么呢？"因为所有生命的困境，几乎都和小我求生存、要面子、求存在感有关。如果在一件事情或是一个层面上，你允许小我被打击、缩减，那么其他层面的问题你不需要去做什么，就会出现改变。"

我越来越深刻地感受到情绪的力量，甚至觉得"认识自己的情绪、管理自己的情绪、体察他人的情绪"似乎就是整个人际关系的轴心。情绪处理得好，可以将阻力化为助力，令工作或事情变得得心应手；情绪若处理得不好，便容易产生一些非理性的言行举止，误事受挫，甚至违法乱纪。很多时候，与人相处就是和自己的情绪相处。

认识自我情绪的四种方法

如果你想利用你的情绪力量，就必须先了解它，这是一个非常重要的原则。须知，你的情绪不是孤立的，也不是无法把握的，你的思想能直接影响你的情绪。

情商首先表现为对自己情绪的识别和评价，也就是能及时地识别自己的情绪，知道其产生的原因。谁了解自己的情绪，谁就能充分、合理地利用、操控、驾驭它；谁要是不了解自己的情绪，就只能无助地听任它的摆布，成为它的奴隶。

一般来说，高情商者是通过以下四种方法来认识自我情绪的：

一、情绪记录法

做一个自我情绪的有心人，有意识地连续记下自己最近一段时间（比如，两到三天或一个星期）的情绪变化过程。情绪记录表的具体记录项目可以为：情绪类型、时间、地点、环境、人物、过程、原因、影响等。

二、他人评价法

通过与你的家人、上司、下属、朋友等交流沟通，用他人的眼光来认识自己的情绪状况。

了解那些经常与你接触的人对你的评价，是了解自己的情绪的重要途径。因为他人评价比自己的主观认识具有更大的客观性。如果自我评价与周围人的评价相差不大，表明你的自我认知能力较好；反之，则表明你在自我认知上有偏差，需要调整。

然而，对待别人的评价要有认知上的完整性，不可只以自己的心理需要注意某一方面的评价。应全面听取，综合分析，恰如其分地对自己做出评价和调节。大多数人通过别人的看法来观察自己，为获得别人的良好评价而苦心迎合。但是，把自己的自我认知完全建立在别人的评价上，就会面临严重束缚自己的危险。

三、情绪自省法

人生的棋局该由自己来摆，不要从别人身上找寻自己，应该经常自省并塑造自我。

成功和挫折最能考验个人的修养性情，因此，我们可以通过自己成功或失败时的经验教训，来发现自己的情绪特点，在自我反省中重新认识自我，把握自己的情绪走向。

四、情绪测试法

借助权威的情绪测试软件，或咨询专业人士，获取有关自我情绪认知与管理的方法和建议。

了解自己情绪的人，大多善于将自己的情绪调节到一个最佳状态，顺应他人的情绪基调，轻而易举地将他人的情绪纳入自己的主航道。这一本领能让他们在交往和沟通中一帆风顺。

强有力的领袖人物、富于感染力的艺术家都能敏锐地认识和监控自己的情绪表达，不断调整自己的社会表演。他们像高明的演员，善于调动成千上万的人与自己同痴同醉。

当你开始观察和注意自己内心的情绪体验时，一个有积极作用的改变正悄然发生，那就是情商的作用！

高情商者往往能有效地察觉自己的情绪状态，理解情绪所传达的意义，找出它产生的原因，并对自我情绪做出必要的恰当的调节，始终保持良好的情绪状态。低情商者则因不能及时地认识到自我情绪产生的原因，而无法有效地进行控制和调节，致使消极情绪影响心境，久久不退。

　　在生活中，有的人乐观向上，有的人却悲观绝望，究其原因，就是他们观察和处理自己情绪的方式不同。

　　心理学家迈耶将人的情绪管理方式分成三种类型：

一、自我觉知型

　　一旦情绪出现，自己便能觉察。这种人情绪复杂丰富，心理健康，人生观积极向上；情绪低落时绝不辗转反侧，缠绵其中。自我觉知型的人能有效地管理自己的情绪。

二、难以自拔型

　　这种人一旦卷入情绪的低潮中便无力自拔，听凭情绪的主宰。他们情绪多变，反复无常，而又不自知，常常处于情绪失控状态，精神极易崩溃。

三、逆来顺受型

　　这种人很了解自己的感受，接受并认可自己的情绪，并不打算去改变。这类人又被称为认可型。认可型又分为两种：乐天知命型——整天开开心心，自然不愿也没必要去改变；悲观绝望型——虽然认识到自己处于不良情绪状态，但采取不抵抗主义，抑郁症患者就属于这种类型，他们在自己的绝望痛苦中束手待毙。

　　高情商者是自我觉知型的人，他们了解自己的情绪，能对自己的情绪状态进行认知、体察和监控。他们具备自我意识，注意力不会因外界或自身情绪的干扰而迷失，具有在情绪纷扰中保持中立自省的能力。

七种方式，让你不到五分钟拥有好心情

看到1美元上的华盛顿肖像，看到他白色鬓发映衬下的那平静、自信、显示着自控能力的面庞，你大概难以相信他年轻时曾有一头红发，脾气火爆吧。要是他没有学会靠自控力改变自己的坏习惯，恐怕无法成为叱咤风云的领袖，也就不会成为美国第一任总统。

对于自己的负面情绪，你不应再听之任之。要知道，只有积极主动地控制情绪，才能创造好心情，才能塑造好形象，让别人喜欢你，愿意同你合作。

如果你正在寻找赶走坏心情的方法，以下提供七种方法，让你不到五分钟拥有好心情。

一、主动回避法

如果你与爱人刚刚发生了激烈的争吵，最好先暂时回避，这样就可以做到眼不见心不烦，怒气自消。

二、主动释放法

把心中的不平和愤怒向你认为适合的人和盘托出。平时与人相处不可能不产生意见、隔阂，经常交换意见，把话说清楚，也是平息怒气和增强团结的方法。

三、转移思想法

如果你在生气时始终想着让你生气的事情，那么最后的结果只能是越想越生气。相反，如果你能有意识地通过其他途径或者方式来转移自己的思想，例如听音乐、逗孩子玩等，积极地接受另一种刺激，就可以转移大脑兴奋点，使愤怒情绪在不知不觉中消失。

四、意识控制法

千万别被愤怒牵着走，给自己冷静的时间。比如，发怒时从1数到10，先让自己平静下来，或者心中反复默念"别生气""不该发火"等，常会收到一定的效果。从本质上说，该方法是用自己的道德修养、知识水平使愤怒情绪难以产生或降低强度。

如果是比较大的负面情绪，那就换个环境，脱离让你生气的人和事，比如出门散个步，逛个商场，离开现场你会平静得快一些。

五、积极沟通法

不生气时，试着去和经常让你生气的人谈谈，听听彼此最容易发怒的事，想一个沟通感情的方式，不要生气。也可约定写张纸条，或进行一次缓和情绪的散步，这样你们便不必继续用毫无意义的怒气来彼此虐待。

六、自我解脱法

应该经常提醒自己，任何自己认可的事，均可能遭到半数人的不赞同。有了这个心理准备，你就不会选择生气。

七、强迫记录法

写一份"动怒日记"，记下自己动怒的时间、地点、对象、原因，强制自己诚实地记录所有动怒行为。你很快就会发现，光是记录这些麻烦事就可迫使自己少生气了。

情商高的人，都这样消化愤怒

一个人必须学会自我调控，高情商的重要标志是：学会制怒，不轻易受到伤害。

人在愤怒时千万要注意两点：第一，不可恶语伤人，这不同于一般的发牢骚，可能给别人造成深刻的伤害；第二，不可因愤怒而轻泄他人的隐私，这会使你不再被他人信任。总之，无论怎样愤怒，千万不能做出无可挽回的事来。人在受伤害后最好的制怒之术是克制忍耐，等待时机。

有一个小男孩常常无缘无故地发脾气。一天，他父亲给了他一大包钉子，让他每发一次脾气都用铁锤在后院的栅栏上钉一颗钉子。

第一天，小男孩共在栅栏上钉了三十七颗钉子。

过了几个星期，小男孩渐渐学会了控制自己的情绪，每天在栅栏上钉钉子的数目逐渐减少。他发现控制自己的坏脾气比往栅栏上钉钉子要容易得多……最后，小男孩变得不爱发脾气了。

他把自己的转变告诉了父亲。父亲又建议说："从今天起，如果你一天没发脾气就从栅栏上面拔一颗钉子下来。"小男孩照着父亲的要求做了。终于，栅栏上面的钉子全拔完了。

父亲拉着他的手来到栅栏边，对他说："儿子，你做得很好。但是，那些钉子在栅栏上留下那么多小孔，栅栏再也不是原来的样子了。当你向别人发过脾气之后，你的言语就像这些钉子一样，会在人们的心灵中留下疤痕。无论你说多少次对不起，那些伤口都会永远存在。"

因为自己发脾气而对他人造成的伤害，往往怎样弥补也无济于事。所以，我们宁可事前小心，而不要事后悔恨。在生气的时候，记得留下退一步的余地，以免无法挽回。

在现实生活中，有人只顾一时的口舌之快，有意无意地对他人造成了伤害，殊不知这些伤害就像钉孔一样，也许永远都无法弥补。

愤怒是情绪中可怕的暴君。愤怒行为会伤害他人，也会伤害自己。培根说："愤怒就像地雷，碰到任何东西都一同毁灭。"如果你不注意培养交往中必需的情商，培养自己忍耐、心平气和的性情，一碰到"导火线"就暴跳如雷，情绪失控，再好的人缘，也会因此全部被"炸"掉。

心理学家认为，生气是一种不良情绪，是消极的心境，它会使人闷闷不乐、低沉阴郁，进而阻碍情感交流，导致内疚与沮丧。有关医学资料认为，愤怒会导致高血压、胃溃疡、失眠等。据统计，情绪低落、容易生气的人，患癌症和神经衰弱的可能性要比正常人大。愤怒是一种人体中的心理病毒，会使人重病缠身，一蹶不振。可见，愤怒对人的身心有百害而无一利。

怒气似乎是一种能量，如果不加控制，它会泛滥成灾；如果稍加控制，它的破坏性就会大减；如果合理控制，甚至可能对自己有所帮助。

一、疏导而不是压抑

在交通拥挤的十字路口，整个路面成了车的海洋，鸣笛声充斥于耳。

偶尔有一时气愤难平的司机不顾安全往前挤，不仅会造成人为灾难，而且会使整个交通处于瘫痪混乱状态。如果没有交警的管理疏导，不知道会拥堵到什么时候，造成怎样的后果。假如一个人的情绪失控，不加以疏导的话，会发生什么情况呢？

研究表明，失去控制、大发雷霆的人通常都经历了情绪累积的过程。每一次拒绝、侮辱或无礼的举止，都会给人遗留下激发愤怒的"残留物"。这些残留物不断地积淀，急躁心理会不断增强，直到失去"最后一根稻草"，个人对情绪的控制完全丧失。所以制怒的最好方法不是压抑自己的怒气，而是进行恰当的疏导。

杰拉尔德完全被激怒了，他一把抓起电话机，把它狠狠地丢出了办公室。他的销售团队被他的狂怒吓坏了。

杰拉尔德之所以会大动肝火，是因为他刚刚经历了一项改善团队管理的活动。在这个活动中，他们的工作任务没有完成，这使得杰拉尔德的情绪非常坏。不幸的是，他又碰到其他扫兴的坏事情，于是，积累起来的情绪就爆发出来了。

在一位顾问的指导帮助下，杰拉尔德认识到，从总公司参加会议回来后，他就一直处于很坏的情绪状态中。如果他能花几分钟时间放松一下，就根本不可能发火。

有了这个教训以后，他再遇到不顺心的事情，或者面对压力时，总会用十分钟的时间到附近的公园走一走，使自己平静下来。在参加会议时，如果他感觉到愤怒开始困扰自己，就立刻开始做深呼吸，或者通过把手压在臀部下面等方式来控制自己。

这些放松行为，最起码能够阻止他提出最冲动的反对意见，阻止他采取过激行为，比如夺门而出。在完全接受了控制自我情绪的观点以后，他逐渐掌握了控制和调整自己的情绪和行为的技巧。

那么，一个已经被惹怒的人怎样制怒呢？

第一步：对自己以往的行为进行一番回忆评价，看看自己过去发怒是否有道理，是否迁怒于别人。老板对下属发火，原因是下属工作失误；这位下属不敢对老板生气，回来对妻子乱发脾气；妻子没法，只好对儿子发脾气；儿子对猫发脾气。这一连串的发怒行为中，只有老板对下属发脾气是有些缘由的，其他则都是无中生有。

所以，在发怒之前，你最好分析一下，发怒的对象和理由是否合适，方法是否适当，这样发怒的次数就会减少90%。

第二步：看轻外因的伤害性。生活中我们可以观察到，易上火的人对鸡毛蒜皮的小事都很在意。别人不经意的一句话，他会耿耿于怀。过后，他又会把事情往坏处想，结果，越想越气，终至怒气冲天。脾气不好的人喜欢自寻烦恼，没事找事。

制怒的技巧，当怒火中烧时，立即放松自己，命令自己把激怒自己的情境"看淡看轻"，避免正面冲突。当怒气稍减时，对激怒自己的情境进行客观评价，看看自己到底有没有责任，恼怒有没有必要。

第三步：巧妙地发泄自己的愤怒，而不伤害别人。如果你生气了，出去散散步或做一次剧烈运动，或者看一场电影娱乐一下，怒气就会消减不少。

如果某人脾气暴躁、经常发火，仅让他自己改正往往并不能持久，那么就必须找一个监督员。一旦他露出发怒的迹象，监督员应立即以各种方式加以暗示、阻止。监督员可以由自己最亲近的人来充当。这种方法对下决心制怒但又不能自控的人来说尤为适合。

二、忍耐一下，怒气会自然消退

很多时候怒气会自然消退，稍稍耐心等待一下，事情就会悄悄过去。常言道："忍一时，风平浪静；退一步，海阔天空。"忍耐一下，怒气会自然消退。关于这一点，林肯深有体会，并总结出一种巧妙的方法。

一天，陆军部长斯坦顿来到林肯那里，很生气地说一位少将用侮辱性的话指责了他。林肯建议他写一封内容尖刻的信回敬那家伙。

"可以狠狠骂他一顿。"林肯说。

斯坦顿立刻写了一封措辞激烈的信。林肯看后说："斯坦顿，真写绝了，要的就是这个！"

但是当斯坦顿把信叠好装进信封里时，林肯却叫住他，问道："你要干什么？"

"寄出去啊！"斯坦顿说。

"不要胡闹，"林肯说，"这封信不能发，快把它扔到炉子里去。凡是生气时写的信，我都是这么处理的。这封信写得好，写的时候你已经解气了——现在感觉好多了吧？那么就请你把它烧掉，再写第二封信吧。"

能认知自己心绪不佳的人多半有意摆脱冲动，但不一定会克制冲动。譬如说，和别人发生了冲突，你心里十分恼火。你克制住了自己想揍他的冲动，却不能浇熄心中的怒火。

如果你清楚地知道"我现在的感受是愤怒"，便可以选择发泄，也可以决定退一步。后者是明智的选择。

如果你与别人发生争执，请数十下再开口，尽量转移注意力或者做几次深呼吸。谅解的心是最佳的"灭火剂"，请学会宽容和谅解吧！

语言是带情绪的，如何表达很重要

如果你看到丈夫回家时满怀热情，在这种情绪的感染下，你一定也会感到高兴和激动，因为你有这种正当的需求。如果这种需求没有得到满足，你就会觉得郁郁寡欢和失落。其实，丈夫的想法和你一样，当他下班回家时，如果你送上一个热烈的拥抱或亲吻，他就会感到幸福和满足；如果迎接他的总是一些惹人心烦的琐事，比如孩子又闯祸了，抽水马桶又堵了，垃圾箱里满满的垃圾又该清理了，等等，双方就很容易发生冲突和争吵。

也许你会觉得自己每天都过着紧张忙碌的日子，压力特别大，需要有人替你分担重担和忧愁，需要有个肩膀可以依靠，但是丈夫却对你置之不理，甚至还不耐烦地嘟嘟囔囔，这时你就会非常伤心和失望。其实，丈夫和你一样，也渴求得到关爱，也有很多需求没有得到满足。所以，正确处理事情的关键就在于双方的相互理解。

惹人心烦，破坏人情绪的事可以等合适的时机再说，不要一见到丈夫的面就大倒满肚子的苦水和委屈。不管你是否习惯，你都不妨试着用热情去迎接丈夫，这对你们关系的改善是大有好处的。也许你会认为自己的丈夫应该比其他男人更理解你，更愿意听你说话，更多地夸奖你，但实际上，世上大多数丈夫却并非如此。对于你所嫁的那个男人来说，你可能会发现，真实的他比你想象中的他要差得多。同样，他可能对你也会有类似的想法，当他拿着报纸坐在电视机前时，心里也许在想："结婚前我的日子没有这些不平静和不安宁，踏进门也从来没有这么多坏消息和牢骚惹我心烦，为什么我要为了婚姻而抛弃自由？"

婚姻中出现的这些情况，很难说谁对谁错，它不过是婚姻冲突的一种表面现象。因为双方都只想索取，不想奉献，所以才会造成这种局面。要避免这种情况的发生，必须有更成熟、更懂得夫妻相处之道的一方出面来打破僵局。如果你想成为这样的人，那就为此而努力吧，从此开始给丈夫以更多的柔情和赞赏，但不要期望不久丈夫就会懂得给你回应。也许丈夫会奇怪你的突然变化："她到底想干什么？"如果你希望自己的婚姻变得美满幸福，就应该心甘情愿地努力一年甚至五年的时间，用温柔体贴让他最终屈服。

要知道，靠责备或攻击并不能改变丈夫。那种"必须服从我的命令"的唯我独尊的态度只会招致丈夫的不满和敌对情绪，不仅丈夫会做出反击，其他任何人，包括孩子也会采取同样的办法。要知道，爱可以产生爱，恨却只能招来更大的仇恨。

没错，你的确拥有表达自己情感的权利，但怎样表达是非常重要的。因为语言是带情绪的。看看下面两种不同的态度，考虑并比较一下它们所产生的不同效果吧。

一种是："我已经受够了！你总是想不起我们的结婚纪念日，也懒得和我多说一句话，还不知道操心孩子的事，你也很久没有陪我出去吃饭了。"

另一种是："亲爱的，最近我遇到了点麻烦，或许你能帮助我。这段时间我心里一直不太舒服，情绪也不太好，本来我想去检查一下身体，不过我觉得可能是其他原因造成的。有时候，你的情绪看起来也不太好。也许是孩子们太顽皮了，所以我常常感到心烦意乱。我知道你的工作很辛苦，可我还总提一些无理的要求，好像对什么都不满意。也许你会觉得我不再爱你了，其实我仍然和从前一样爱你。你知道吗？现在我觉得自己对你好像不像结婚前那么好了，因为我变得爱唠叨。假如我变得十分唠叨了，惹得你心情不佳时，我希望你能提醒我改掉这个毛病……噢，亲爱的，如果我们重新来过，会出现什么结果呢？我会努力变得更温柔，努力摆脱那些不满情绪。当然，我没有权利要求你，也无意要你改变。如果我们找个时间把孩子托付给别人暂为照管，我们一起出去散散心，或者先去野餐，然后再随便逛逛，那该多么美妙啊！有时候，我们也应该留点时间给自己，你觉得呢？"

很明显，第一种表达方式很有可能会让夫妻双方为此大吵一架，而对于第二种方式，任谁都能听出妻子话语中的委屈之意，并且会心甘情愿地满足她的要求。这就是温柔女人的迷人之处。

当然，只有当你真正想跟丈夫表达爱意并放弃责备或攻击时，才可以采用这种温柔的方式，但切记不能将它作为一种达到自己目的的手段。如果你改掉命令、强迫、委曲求全的毛病，真实地展现出你对丈夫的爱和耐心，那么你一定会得到回报的。

道歉了对方还生气？教你道歉的正确"姿势"

美国著名心理学家、享誉全球的婚恋辅导专家盖瑞·查普曼博士曾说过："在你的生命中最重要的关系里，有一种东西是你必须付出的，而且需要勇气和真诚才能实现，它就是道歉。"

大家或多或少都会因为做错事得罪别人，甚至深深伤害了最亲近的人，但可能你会发现当自己道歉了之后对方反而更生气了，这是为什么呢？盖瑞·查普曼博士在其著作中明确指出：真诚的道歉不能找借口，在道歉之后马上又来个"但是……"，而应该另找时机进行沟通。

罗德尼和第二个妻子结婚已经三年了，他说："我知道什么时候妻子的道歉是真诚的。她会说'对不起，我知道冲你大喊大叫伤害了你'，而且不会接下来指责是我先惹她生气的。我前妻却总是把所有的事情都怪在我头上，说完'对不起'之后总要加上'要不是你先惹我，我怎么会生气'之类的话。"

当关系因伤害和愤怒而破裂时，道歉是必不可少的。但道歉切忌画蛇添足。要道歉就专门道歉，只需坦白承认你伤害了他人或者没能达到他人的期望就可以了。如果道歉之后又为冒犯行为找借口，那么原先的道歉可能就被一笔勾销了，不管你是有意还是无意的。

一旦我们在口头上把责任推卸给对方，道歉就变成了攻击，而攻击永远不会带来宽恕与和解。

艾里斯和玛丽是亲姐妹，她们之间常常闹矛盾。两个人都想搞好关系，但是都不知道怎么办才好。

查普曼博士问玛丽："艾里斯发完脾气后会道歉吗？"

玛丽点头说："会，她每次都会道歉，但最后总会加上一句'我只是希望你不要再贬低我，我知道我没你有学问，但是你也不能因此就不把我当回事儿'。你说这算什么道歉啊？她反倒把所有责任都推到我身上了。"

"我觉得她的自尊心一定挣扎得很厉害。但无论如何，她的道歉更像是对我的攻击。"玛丽补充道。

爱情、亲情不是"都怪你"，而是"对不起"；不是"你怎么能"，而是"我理解"。美满幸福的家庭生活需要彼此的体谅与支持。

我们因为这些失败的道歉吃尽了苦头，因为它们只会将事态变得更复杂，所以，学习正确的道歉"姿势"很重要！那么，如何做才是道歉的正确打开方式呢？

一、了解自己错在哪里

认错之前一定要知道自己错在哪里了，这是成功道歉最基本也是最核心的要素。说清楚行为错在哪里，承认行为所带来的坏影响，作有针对性的道歉，效果会比较好。

二、态度诚恳，具备自责成分

这样的道歉才会显得真诚。如果是使用文字道歉，需注意，不要使用过多情绪性的字眼，清楚地只表达要点的道歉才会容易让人原谅。如果你的道歉对象是自己的女朋友或者心仪的人，适度地夸大自己的过错，道歉效果会更佳。

三、勇于承担责任

拒绝"假道歉"！有效的道歉不是虚情假意地去骗取对方的宽恕，而是要坦承错误，勇于承担相应的责任。

四、用其他方式来表达歉意

一束花、一个小礼物或者用一些承诺或奖赏来进行补偿，会让道歉效果更佳。

五、道歉也有最佳时机

"道歉心理学"方面的研究专家认为，最佳的道歉时机是意识到失误后的四十八小时内，错过后，最好不要"旧事重提"。

六、知错要改，并且会改

知错要改，真正会改才是最重要的。如果只是口头说说而不去实际改正，后果你懂的。

总之，不以拙劣的方式跟人道歉，是一个人最基本的修养；而学会正确地道歉，是提高情商的第一步。

吵架可以，但千万别说这十句话

有人说，夫妻就像两块都有棱角的石头，放到一个罐子里，怎能不发生摩擦呢？夫妻和谐需要有个磨合过程，婚后难免会因家务琐碎发生矛盾，吵架便是渲泄情绪的重要方式，感情再好的夫妻也会吵架。但我们要永远记得，吵架并不是为了伤害对方。因为有爱，我们走到一起，只有好好说话，才能相扶到老。

一辈子没吵过架的夫妻寥寥无几。可以说，在某种程度上，吵架是夫妻生活的常态，不少人就是在吵吵闹闹中过了一辈子。夫妻吵架，许多人在气头上都说过过头话，这些话可能不走心，只为痛快个嘴儿。但确实有些语句，是夫妻吵架时不能轻易出口的，否则便会使婚姻陷入危机，与幸福相背而行。

夫妻吵架时，女人最忌讳说的话：

一、吵架再激烈，你再愤怒，也要忍住让对方崩溃的那句话

夫妻吵架的时候口不择言是很正常的，可是每每吵架就口不择言地揭对方的伤疤，将对方的情绪逼到崩溃的边缘，这是不是也忒狠了点？一吵架就来这套，正常人谁能受得了？况且越是熟悉的人，越是知道对方的死穴，所以说出来的气话不仅具有破坏性，还具有毁灭性。不要仗着你熟悉对方，就肆无忌惮地刺激他、伤害他。

比如，见过一对年轻夫妻在大街上吵架，男的反驳了几句，女的气急败坏："你还有脸回嘴，不是上次你出轨被逮之后那副死乞白赖求我原谅的可怜样了……"女的还在嚷嚷，男的已经愤然离开了。每个人都不喜欢别人触及自己的憾事、缺点或者使自己难堪的事，这是人之常情。这个伤疤揭得太利索了，真不知道这两人以后还能不能相安无事地过下去。

"你真没用""你真窝囊""你就这点出息""你还是不是男人""你家里家里不行，外头外头不行，你能干什么啊"……坦白讲，女人在吵架时常说的这几句话真的太伤自尊了，超级伤人。一旦说出类似的话，就是对男人的粉碎性打击。女人，既然爱他，那就保护他的自尊吧。

二、不要说"你看看人家的老公"

有一句话说："孩子都是自己的好，老公都是别人的好。"大多数女人可能多少都会有这样的心情。尤其是在两人吵架的过程中，"你看谁谁的老公又升职了，年薪30万""你看谁谁的老公多帅，长相甩你好几条街""你看谁谁的老公送给她一个3万块钱的包包""你看看谁谁的老公多体贴，每次聚会结束不管几点都来接，等多久都不抱怨"……女人随口而出的这类话会让男人又生气又憋屈。

"既然如此，你干吗不去找他？"同样在气头上的男人也会情绪激动，话赶话地这么反驳。"我都压制了一百次拿你跟别的女人比的念头，你却要拿我跟别的男人比。"很明显，男人很讨厌自己老婆拿他跟别的男人比较。

三、不要用责备的口吻否定对方

责备另一半的行为不当时，你往往会指出自己认为的做这件事的正确方法。可能你的方法确实更好，但事实上大多数时候只是因为这种方法更符合你的主观偏好而已。所以，千万不要用责备的口气否定对方的努力，而应表示对方做得很好，你很感谢。

比如，当丈夫花了一上午时间最终还是没有修好下水管道，而且弄得满屋子臭味时，你最好不要说"白费了一上午工夫也没修好，还不如找人来修"这样的话，而应该以委婉的口气表达自己的意见："这个修起来确实很费劲，你也累了，先吃饭吧。不行的话下午找人来修就是了。"

记住，千万不要吝啬对另一半的感谢和肯定之词，这会令对方乐于继续坚持下去。幸福的夫妻往往建立在彼此欣赏的基础上，学会赞美，哪怕是日常生活中最细枝末节的举手之劳，也不要忘记真诚地说声"谢谢"。

四、不要说"早听我的就没这事了"

马后炮最讨人厌了。"早听我的就没这事了""我当初告诉过你吧，你偏不听""为什么你总是不听我说"……类似这样满是责备的话，不仅无助于问题的解决，而且还会严重影响双方的感情。

美国西雅图华盛顿大学社会学教授佩伯·施沃兹曾指出，如果你使用"总是"或者"从不"这样的字眼，你的丈夫此刻就不可能和你进行正常的交谈了。你的这种全盘肯定或否定的说法，把问题的责任全部推到他的身上，而让自己脱离了所有干系。

推荐你看《大宅门》，多学学里面斯琴高娃饰演的二奶奶是怎么说话，让大家都舒服的。

白老爷子说想为儿子的马车被砸、马被杀这事出气的时候，二奶奶说："退一步海阔天空。"白老爷子没听。等白老爷子出了气，但冤冤相报，也惹到了更多的麻烦时，白老爷子后悔说："当初听了二奶奶的就好了。"二奶奶说："这事情也不能忍，该出气就得出气。"

的确，有些错误已经犯下了，当事人也知道自己错了，再去责怪他有什么用呢。

作为妻子，在表述你的观点时要冷静。丹佛大学心理学教授赫沃德·玛克曼博士认为，通常妻子对丈夫最大的抱怨是，对方完全不和自己沟通；而丈夫们最一致的看法却是，说得太多会引起争执。因此，他建议，如果你想你的丈夫不仅听你说，而且更多地和你交流，就要始终做到心平气和。

五、不要翻旧账，要朝着未来的问题来商量

两口子一吵架，妻子就开始翻旧账，什么陈芝麻烂谷子的事情都要再翻出来掰扯掰扯。"你每次都这样……""你上次也是……""你没有一次记住我的话……""我说过多少次了……"结果，双方很难就事论事。妻子总是要追溯到很久以前，而且会自动屏蔽对方做得好的地方，只记得不好的地方。哪怕好几年当中丈夫只做错了两次，在生气的妻子嘴里也是"每次"……这让他们觉得特别委屈。

其实，在争吵过程中一直挖过去的旧账来算，只不过是在激起双方的情绪而已，对于事情的解决一点帮助都没有。如果丈夫识时务，赔个笑脸，可能就烟消云散；但如果丈夫不示弱，你翻我旧账，我翻你旧账，互相翻得越来越甚，夫妻感情自然会受到很大伤害。

因此，在所谓旧账问题上，无论男女都要秉承不主动提出旧账，但当问题暴露了，也不要藏着掖着，使矛盾激化，一定要主动沟通。你可以

说："以后如果遇到类似今天的问题，我们要怎么办？"然后说出你的处理办法，再听听对方的处理办法。这样能帮助你们把争论的重心从情绪的发泄转移到问题的解决上。

如果夫妻在吵架的时候，能够学会不翻旧账，夫妻的关系就会简单很多，就事论事，只讲当前这件事情。如果你把十几二十几年前的事情翻出来吵，就永远会有吵不完的架。老是念念不忘旧事，怎能无所顾忌地奔向幸福？一天放不下，一天就没有办法开心地生活，所以，该忘记的还是忘了吧！可以说，不翻旧账也是在释放自己。

六、不要随便拿"离婚"来恐吓对方

"我当初真是瞎了眼才嫁给你，我要跟你离婚！""既然这样，那就分手吧！""说得对，我正是要离开你！"类似这样表达消极期待的威胁性的话往往很危险，不给进一步的交谈留一点余地。吵完架，转身就走，会让鸡毛蒜皮也变得无法收场。

女人在气头说出的这句缺乏家庭责任感的话，可能会让对方想入非非。施沃兹博士解释说："你的丈夫可能会对你说'再见'，或者讥讽你不过是做做样子，而这两种结果都是对你的一种羞辱。"男人真的很反感女人说这样的话。因为拿分手去绑架对方，会显得你对感情很不重视。即便是和好如初了，理智的男人也会说服自己减少对你的爱，因为它不够有保障。

所以，无论吵得多么凶，即使你再愤怒，也一定要时时刻刻记着：对方是自己最爱的人，千万不能冲动地说出"分手"二字，毕竟你并不是真的想要离开。就算你是真的想离开，怒气冲天一走了之，你们的关系也不会就此结束，尤其还要牵涉孩子的问题。最理智的做法是，寻求能就此进行交流的途径。在这种情况下，只要夫妻间的关系还没有破裂，说出真实的感受有助于接触到问题的根本。

不过，对于大多数婚姻而言，如果一方动不动就用离开来威胁，那么随着时间的推移，这句"我要离开你"的话很可能会在将来的某一天变成现实。这就有点像自杀，总是威胁对方要离婚的人，会将自己未来的道路一点点地逼入绝境。当你气急败坏、无法控制自己的情绪的时候，你也只能这么说："那给我一种想要离开你的感觉。"

夫妻吵架时，男人最忌讳说的话：

一、"你要是这么想，那我也没办法"

当男人不想跟你积极沟通或缺乏沟通的兴趣时，就会甩出这句话。这是一句客观来说杀伤力很强，表现出一种我无力与你争辩的态度，而正是这种几近放弃和无所谓的态度才有着令人秒炸的杀伤力。很多女人明确表示，宁愿吵架，也不要这样的冷暴力。

大家都是成年人，难道不能好好说话、平和沟通吗？换成"我真的不是这么想的，是不是我哪里说错了，让你误会了"不行吗？

类似的话还有："你爱信不信""是你说的，我可没说过""我懒得和你争""算我的错，行了吧"……要表达的都是同一个意思：我拒绝沟通。

二、"你不就是嫌我穷吗"

女人一旦对男人不满意，或者发两句牢骚，男人最爱说的就是这句话。因为只要这么一说，对方就是拜金，对方就是坏人，自己瞬间就成了受害者。

同事的闺蜜跟前男友分手，前男友大翻脸，说："你不就是嫌我穷吗？"

她真的怒了，说："你以为你就只有穷一个缺点吗？你抠门，你直男癌，你要求我以后不管生几胎，一定要生到儿子为止……醒醒好吗，穷只是你浩瀚缺点中的一个！"

真的，男人别总把自己的问题推给穷，你往往会发现，你不仅穷，你还丑，还懒，还脏，还不求上进呢。一个伤感情的事实是，比钱你拿不出手，比别的你更拿不出手。女人不跟你不是因为你没钱，而是因为你要啥没啥还没钱！

三、"你又怎么了"

作为女人，最寒心的莫过于男人曾经那句关切的"你怎么了"变成了如今不耐烦的"你又怎么了"。好像你每天都在找他麻烦一样。为什么要说"又"？语气满满的都是不耐烦，一定要这么充满嫌弃吗？她生气必然有她的理由啊，请认真听一下，多付出一点耐心。

四、"女生就应该/不应该……"

"这是直男癌最常用的句式，"国民励志女作家咪蒙老师如是说，"女生就应该穿裙子、留长发、做家务、带孩子……谁规定的？我要做什么，只有一个原则，因为我想、我喜欢，而不是因为我是女人。不要用性别来规定我要做什么，这样真的很封建社会。"

所以，不管是女人还是男人，若想好好过，那么吵架时无论怎样生气，都不能头脑发热，信口开河，轻易说出以上这些伤人的狠话，一旦说了，你们的婚姻便凶多吉少了。何况人都有惯性，一旦在气头上说过一次，以后很容易会成为吵架时的口头禅，不可能不伤感情。

最后奉劝所有的朋友，夫妻之间尽量有话好好说，不要动不动就吵架，赢了道理输了感情谁也输不起。所以，无论发生任何矛盾都要保持一颗宽容之心，彼此能够相互让步，让步给自己的爱人又有什么不可以的呢？事后一声道歉或是一个微笑，便能使夫妻关系阴转晴，前嫌尽弃。请记住，宽容使女人更可爱，宽容使男人更有魅力。